평생 글쓰기의 첫 단추

옥효진 선생님과
글 쓰는 아이들

이성편

로그인

머리말

여러분은 글쓰기를 좋아하나요? 좋아한다고 말하는 친구들도 있겠지만 대부분은 어렵다고 말할 거예요. "싫어요"라고 말하는 친구들도 있을 거고요. 글쓰기를 좋아하더라도 막상 글을 쓰려고 하면 무엇을 어떻게 써야 할지 몰라 막막하지 않나요? 맞아요. 그래서 글쓰기가 귀찮고 힘든 거예요. 수업 시간에 글쓰기를 하겠다는 말에 인상부터 찌푸리는 아이들을 선생님도 많이 봤어요. 하지만 여러분도 사실 글쓰기를 잘하고 싶지 않나요?

우리는 매일 아침 눈 뜨는 순간부터 많은 생각을 해요. '오늘은 뭐 하지?', '오늘 친구들과 현장 체험 학습을 가는데 정말 기대가 돼.' 하고 말이죠. 사람들과 많은 이야기를 나누기도 해요. 어제 본 즐거운 영상이나 재미있는 일을 친구들에게 설명하거나 속상했던 일을 털어놓는 거죠. 또 많은 글도 봅니다. 수업 시간에 교과서를 읽고, 도서관에 가서 책을 읽는 것처럼요. 선생님이 나누어 주신 가정통신문을 읽기도 하고요. 이렇게 생각과 말을 하는 것은 어렵지 않아요. 하지만 막상 그것을 글로 쓰려고 하면 어떤가요? 한 글자 한 글자 적는 게 막막할 수도 있고, 내가 쓴 글이지만 마음에 들지 않을 수도 있어요. 이처럼 생각과 말을 하는 건 쉽지만 글로 쓰는 건 어려운 이유는 뭘까요? 그건 바로 '연습'을 해 본 적이 없기 때문이에요.

생각을 글로 옮긴다는 건 내 머릿속의 생각을 꺼내 정리하고, 문장으로 만들어 읽는 사람에게 잘 전달되도록 하는 과정이에요. 이건 절대 저절로 되지 않아요. 그래서 우리는 글쓰기를 연습해야 해요. 여러분이 피아노를 멋지게 연주하고 싶다고 해서 처음부터 잘되지 않는 것과 마찬가지예요. 피아노를 잘 치고 싶으면 먼저 악보 읽는 법을 배우고, 건반 위치를 익히고, 짧고 쉬운 곡부터 연습하며 피아노 치는 법에 익숙해져야 하죠. 축구를 잘하고 싶은 친구들은 공을 가지고 드리블도 해 보고, 패스도 해 보고, 슛도 해 보는 연습을 하겠죠? 글쓰기도 마찬가지예요. 글쓰기를 잘하기 위해서는 글을 쓰는 데 필요한 기술을 익히고 글을 쓰는 방법을 익혀야 해요. 그리고 글을 많이 써 보는 연습을 해야 하죠.

글쓰기를 꼭 잘해야 하냐고 묻는 친구가 있을지도 몰라요. 글쓰기는 국어 시간에만 필요한 거라고 생각하는 친구도 있을 수 있어요. 하지만 그렇지 않아요. 여러분이 다른 과목을 공부할 때도, 일상생활을 할 때도 글쓰기는 꼭 필요해요. 그리고 앞으로 여러분이 더 넓은 세상으로 나아가기 위해서도 글쓰기는 정말 중요하죠. 다른 사람들 앞에서 나의 생각을 전하는 주장문, 나의 목표를 정리하는 계획문, 내가 해 보고 싶은 일을 사람들에게 소개하는 기획문 등은 여러분이 다른 사람과 연결되고 세상과 이야기 나눌 수 있게 할 뿐만 아니라 내가 어떤 사람인지를 스스로 생각해 볼 수도 있게 해 주거든요.

글쓰기는 결코 쉽지 않아요. 하지만 선생님이 여러분을 도와줄게요. 이 책을 통해 다양한 글쓰기를 연습하며 글쓰기와 친해지고 가까워지기를 바랄게요. 처음부터 잘 쓰지 않아도 돼요. 중요한 것은 '써 보는 것!' 한 문장씩 내 생각을 꺼내 보면 돼요. 글쓰기를 '내 이야기'를 하는 즐거운 시간으로 느끼길 바라요. 책에 나오는 여러 가지 주제와 활동들이 여러분의 머릿속 생각의 문을 톡톡 두드려 줄 거예요.

거창하게 시작하지 않아도 돼요. 중요한 건 멋진 문장이 아니라 나의 생각을 잘 정리해 적는 거니까요. 글을 쓰다 보면 나도 몰랐던 내 생각을 알게 될 거예요.

여러분의 멋진 생각들이 글이라는 꽃으로 피어나는 순간을 기대할게요.

옥효진 선생님이

이 책을 보는 방법

주제별 설명과 특징
아이들의 눈높이에 맞춰 다양한 글쓰기의 특징과 방법을 알려 줍니다.

문해력 단어 짚고 가기
어려운 단어를 이해하기 쉽게 설명했습니다.

옥 선생님의 한 줄 더!
선생님의 가이드를 보면서 차근차근 글쓰기를 합니다.

확인하기
문제를 통해 글쓰기의 특징을 잘 이해했는지 확인합니다.

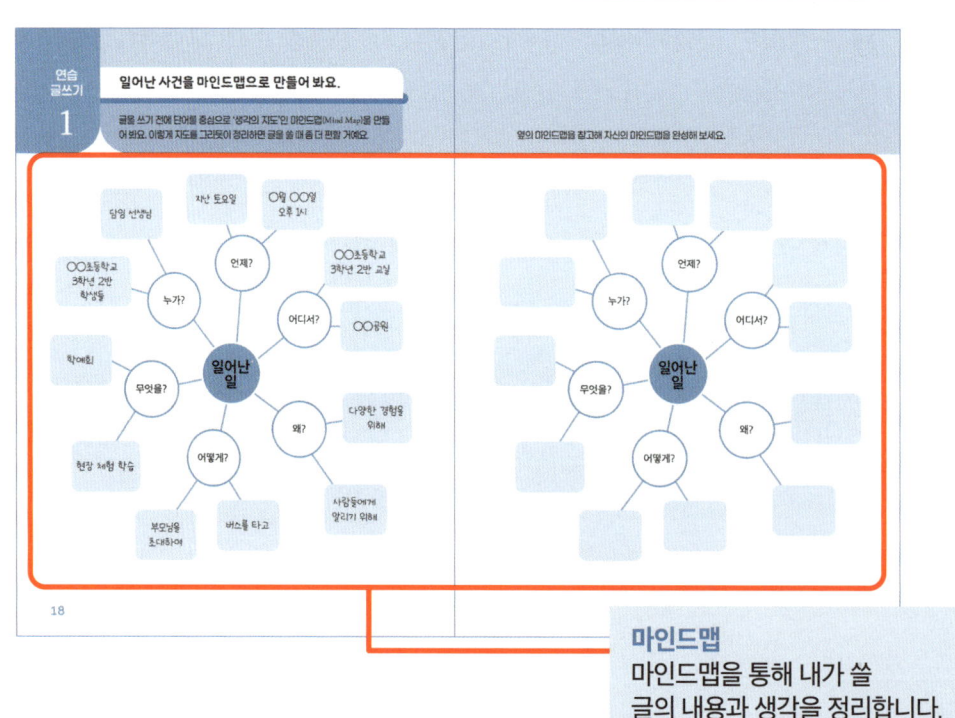

마인드맵
마인드맵을 통해 내가 쓸 글의 내용과 생각을 정리합니다.

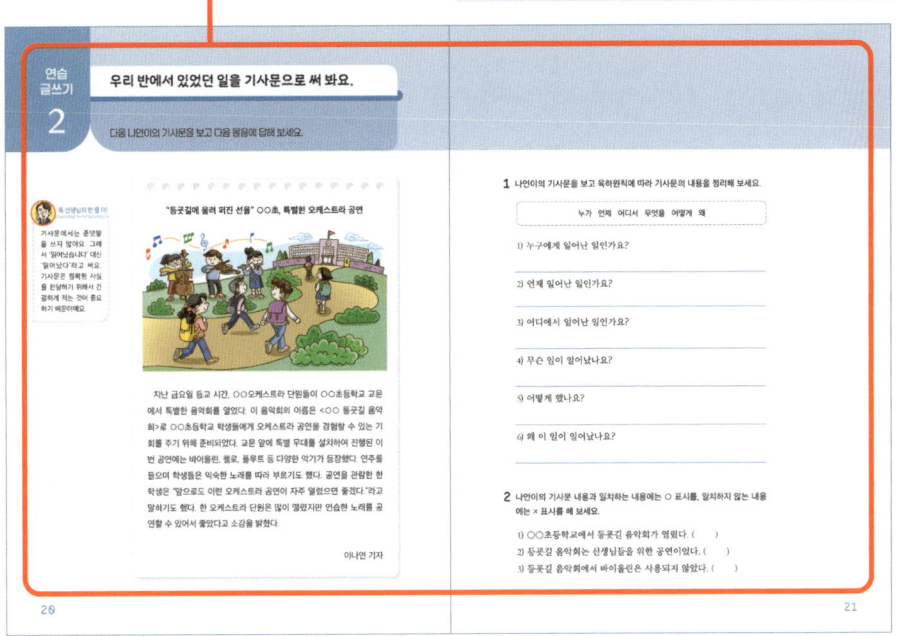

연습 글쓰기
문제 풀이를 통해 각 글의 특징을 잘 이해했는지 확인하고 문장을 연습합니다.

실전 글쓰기
주어진 예문을 가지고 직접 글쓰기를 해 봅니다.

글을 어떻게 써야 하는지 다양한 예문을 제공합니다.

목차

머리말 • 2

이 책을 보는 방법 • 4

1장

사실을 알리는 글 기사문

기사문의 설명과 특징 • 10

1. 기사문이란 무엇일까요? • 10

2. 기사문에는 어떤 형식이 있을까요? • 11

3. 기사문은 어떻게 써야 하나요? • 12

4. 기사문에는 어떤 종류가 있나요? • 13

5. 다양한 기사문 • 16

✏️ 연습 글쓰기 & 실전 글쓰기 • 18

2장

내 의견으로 다른 사람을 설득하는 글 주장문

주장문의 설명과 특징 • 30

1. 주장문이란 무엇일까요? • 30

2. 주장문에는 어떤 형식이 있을까요? • 31

3. 주장문은 어떻게 써야 하나요? • 32

4. 주장문에는 어떤 종류가 있나요? • 33

5. 다양한 주장문 • 36

✏️ 연습 글쓰기 & 실전 글쓰기 • 38

3장

어떤 사실이나 대상을 쉽게 알려 주는 글 설명문

설명문의 설명과 특징 • 50

1. 설명문이란 무엇일까요? • 50

2. 설명문에는 어떤 형식이 있을까요? • 51

3. 설명문은 어떻게 써야 하나요? • 52

4. 설명문에는 어떤 종류가 있나요? • 53

5. 다양한 설명문 • 56

✏️ 연습 글쓰기 & 실전 글쓰기 • 58

4장

내용을 알려 다른 사람의 관심을 끄는 글 광고문

광고문의 설명과 특징 • 70

1. 광고문이란 무엇일까요? • 70

2. 광고문에는 어떤 형식이 있을까요? • 71

3. 광고문은 어떻게 써야 하나요? • 72

4. 광고문에는 어떤 종류가 있나요? • 73

5. 다양한 광고문 • 76

✏️ 연습 글쓰기 & 실전 글쓰기 • 78

5장

일이나 목표를 이루기 위한 글 계획문

계획문의 설명과 특징 • 90

1. 계획문이란 무엇일까요? • 90

2. 계획문에는 어떤 형식이 있을까요? • 91

3. 계획문은 어떻게 써야 하나요? • 92

4. 계획문에는 어떤 종류가 있나요? • 93

5. 다양한 계획문 • 96

✏️ 연습 글쓰기 & 실전 글쓰기 • 98

6장

사람들 앞에서 말할 내용을 정리한 글 발표문

발표문의 설명과 특징 • 110

1. 발표문이란 무엇일까요? • 110

2. 발표문에는 어떤 형식이 있을까요? • 111

3. 발표문은 어떻게 써야 하나요? • 112

4. 발표문에는 어떤 종류가 있나요? • 113

5. 다양한 발표문 • 116

✏️ 연습 글쓰기 & 실전 글쓰기 • 118

7장

방향을 잡아 주고 정리를 도와주는 글 기획문과 보고서

기획문과 보고서의 설명과 특징 • 130

1. 기획문과 보고서란 무엇일까요? • 130

2. 기획문과 보고서에는 어떤 형식이 있을까요? • 131

3. 기획문과 보고서는 어떻게 써야 하나요? • 133

4. 기획문과 보고서에는 어떤 종류가 있나요? • 135

5. 다양한 기획문과 보고서 • 138

✏️ 연습 글쓰기 & 실전 글쓰기 • 140

정답 • 148

찾아보기 • 151

<기사문 관련> 사자성어·고사성어

'삼인성호(三人成虎)'는 세 사람이 말하면 호랑이도 있는 것처럼 믿게 된다는 뜻의 고사성어야.

<기사문 관련> 속담·관용어

'우물 안 개구리'는 보고 들은 지식이 적어서 세상에 대해 잘 모르는 사람을 이르는 속담이야.

사실을 알리는 글
기사문

"어른들은 왜 재미도 없는 신문을 챙겨 보는 걸까요?"
"신문에는 어떻게 매일매일 새로운 기사가 실리는 걸까요?"

기사문은 있는 사실을 그대로 적어 사람들에게 알리는 글이에요. 작게는 우리 주변에서 일어나는 일, 넓게는 우리나라와 전 세계에서 일어나는 일을 알 수 있는 기사문, 같이 살펴볼까요?

기사문의 설명과 특징

보고 들은 내용을 그대로 써야 해요.

1. 기사문이란 무엇일까요?

기사문은 한자로 기록할 기(記), 일 사(事), 글월 문(文)입니다. 즉 일어난 일을 정확하게 **기록**한 글이라는 뜻이에요. 매일매일 그리고 매 순간 세상에는 다양한 기사문이 쓰이고 있어요. 바로 지금 이 순간에도 말이에요. 기사문을 통해 세상에 어떤 일이 일어나고 있는지 알고, 세상을 보는 눈을 넓혀 보세요.

기사문에는 어떤 일에 대한 생각이나 느낌보다 일어난 일을 사실 그대로 그리고 **객관**적으로 적는 것이 더 중요해요. 기사문을 읽는 사람이 내용을 정확하게 알 수 있도록 구체적이고 자세하게 적어야 한답니다.

문해력 단어 짚고 가기

기록(紀錄)
주로 나중에 찾아보기 위해서 어떤 사실을 적은 일이나 글을 말해요.

객관(客觀)
자기 자신이 아니라 남의 입장에서 사물을 보거나 생각하는 것을 말해요.

 **옥 선생님의 한 줄 더!**

기사문은 다른 사람에게 알릴 만한 가치가 있는 일을 써야 해요. 내가 오늘 아침에 어떤 음식을 먹었는지 같은 개인적인 일은 기사문으로 쓰기에 적절하지 않아요.

확인하기 1

다음 중 기사문에 대해 가장 잘 표현한 쪽지는 무엇인지 찾아서 ○ 표시해 보세요.

가
기사문에는 사실을 그대로 적어야 해.

나
기사문에는 사소한 일도 적는 게 좋아.

다
기사문에는 글쓴이의 생각을 많이 적어야 해.

라
기사문은 나만 보는 글이야.

2. 기사문에는 어떤 형식이 있을까요?

 기사문에는 제목과 내용 그리고 글을 쓴 기자의 이름이 들어가요. 먼저 제목은 기사의 내용을 한눈에 알 수 있도록 육하원칙에 따라서 적어야 해요. 육하원칙은 기사문을 쓸 때 반드시 들어가야 하는 '누가, 언제, 어디서, 무엇을, 어떻게, 왜'라는 여섯 가지 사항이에요. 그리고 기사 말미에는 이 기사를 쓴 사람이 누구인지 이름을 밝혀요.

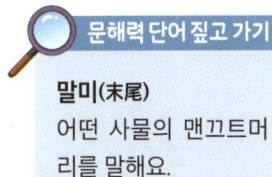

문해력 단어 짚고 가기

말미(末尾)
어떤 사물의 맨끄트머리를 말해요.

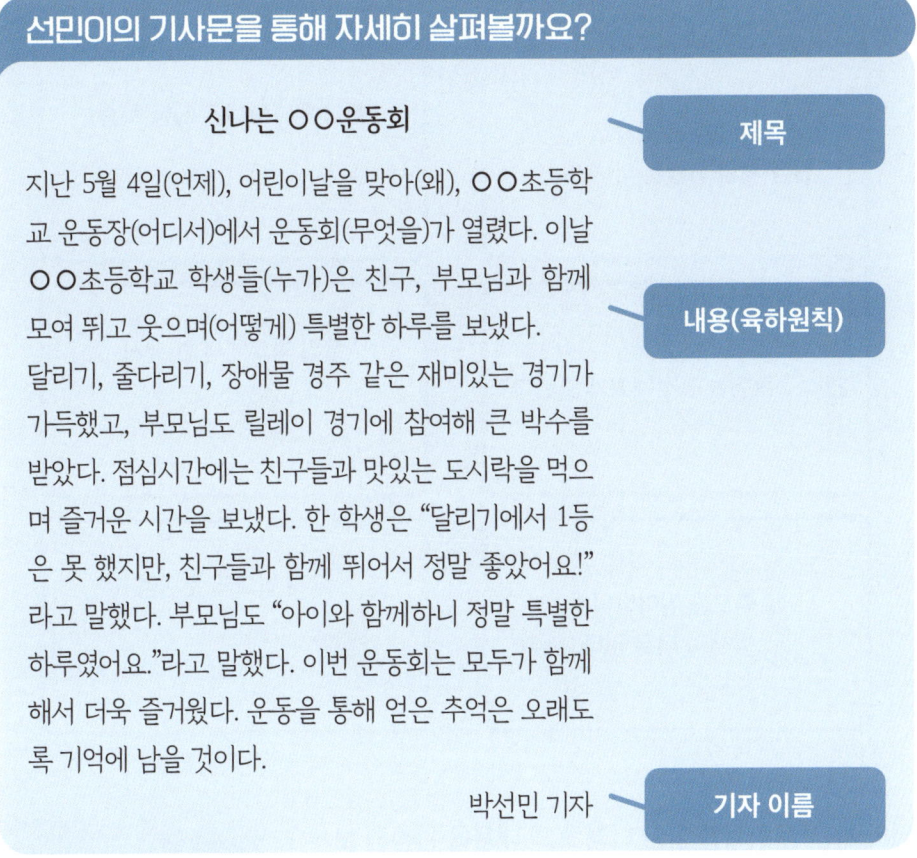

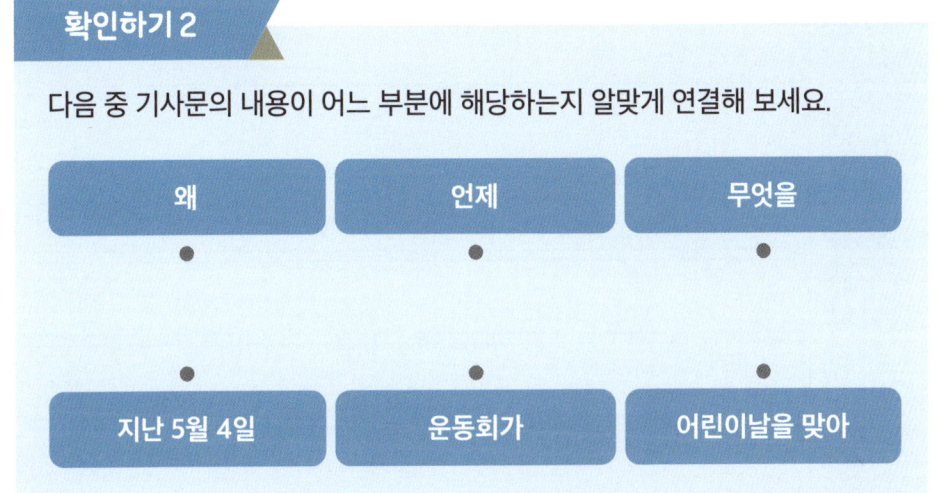

3. 기사문은 어떻게 써야 하나요?

기사문을 쓰기 위해서는 우선 어떤 일을 기사로 쓸지 생각해야 해요. 기사문은 최근에 일어난 일, 평소에 일어나지 않는 특별한 일, 사람들에게 알릴 만한 가치가 있는 일을 쓰는 것이 좋아요. 일어난 일을 관찰하며 메모하는 습관을 들이면 기사문을 쓸 때 도움이 된답니다.

시간이 오래 지난 일은 굳이 기사로 쓰지 않아요. 되도록 가장 최근에 일어난 일을 기사로 써 보세요.

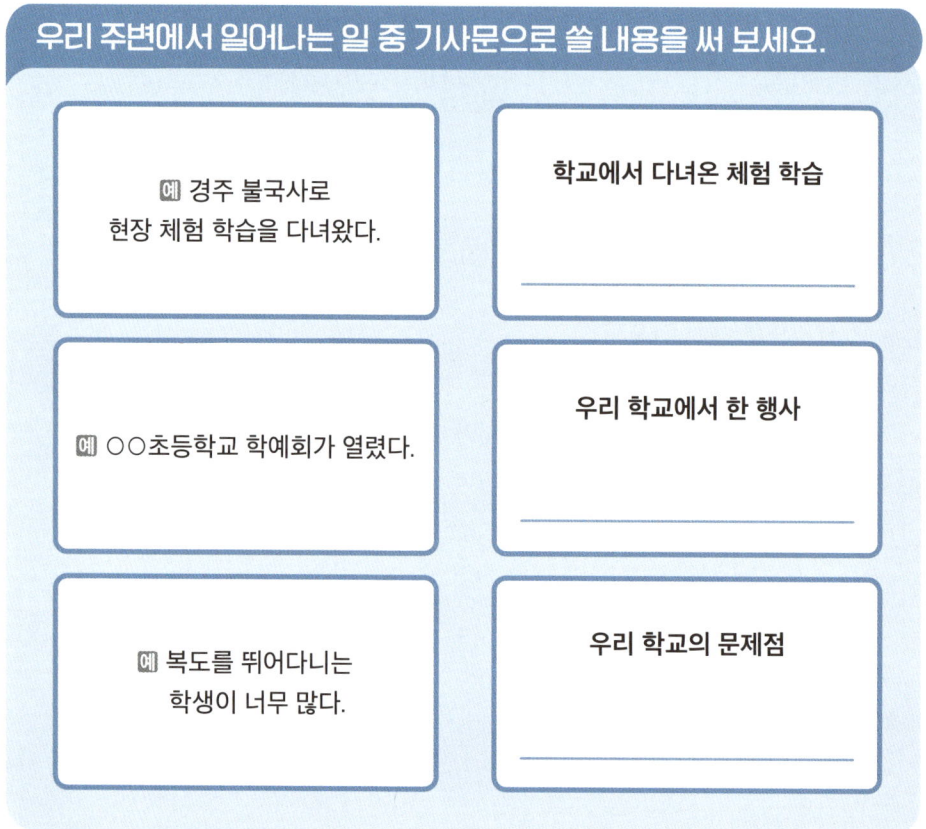

우리 주변에서 일어나는 일 중 기사문으로 쓸 내용을 써 보세요.

- 예) 경주 불국사로 현장 체험 학습을 다녀왔다.
- 학교에서 다녀온 체험 학습
- 예) ○○초등학교 학예회가 열렸다.
- 우리 학교에서 한 행사
- 예) 복도를 뛰어다니는 학생이 너무 많다.
- 우리 학교의 문제점

위의 사건 중 하나를 골라 아래 표의 내용을 완성해 보세요.

누가?	
언제?	
어디서?	
무엇을?	
어떻게?	
왜?	

4. 기사문에는 어떤 종류가 있나요?

기사문에는 주제에 따라 여러 종류가 있답니다. 사회 기사문, 환경 기사문, 과학 기사문 등이 있죠. 그리고 신문은 기사문을 주제별로 묶어 **발행**하곤 해요.

문해력 단어 짚고 가기

발행(發行)
우리가 보는 책이나 신문 등을 만들어 세상에 내보이는 것을 말해요.

기사문의 종류

- **사회 기사문**: 우리 사회에서 일어나는 일을 쓴 기사문
- **경제 기사문**: 경제와 관련된 내용을 쓴 기사문
- **환경 기사문**: 환경에 대한 내용을 쓴 기사문
- **과학 기사문**: 과학과 관련된 사건을 쓴 기사문
- **인터뷰 기사문**: 다른 사람과 인터뷰한 내용을 쓴 기사문
- **생활 기사문**: 사람들의 생활 속에서 일어나는 일을 쓴 기사문
- **세계 기사문**: 다른 나라에서 일어난 일을 쓴 기사문

확인하기 3

기사문의 종류로 알맞은 것을 <보기>에서 찾아 써 보세요.

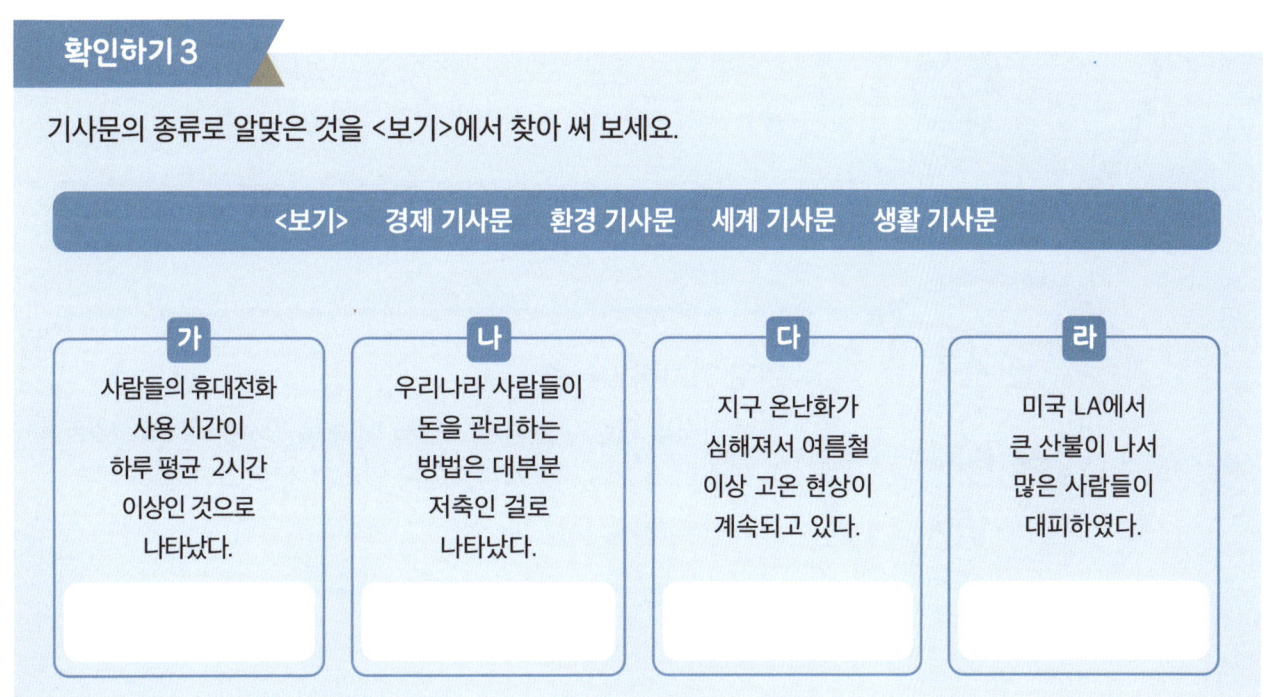

<보기> 경제 기사문   환경 기사문   세계 기사문   생활 기사문

가 사람들의 휴대전화 사용 시간이 하루 평균 2시간 이상인 것으로 나타났다.

나 우리나라 사람들이 돈을 관리하는 방법은 대부분 저축인 걸로 나타났다.

다 지구 온난화가 심해져서 여름철 이상 고온 현상이 계속되고 있다.

라 미국 LA에서 큰 산불이 나서 많은 사람들이 대피하였다.

기사문의 종류에 대해 더 자세히 알아봐요.

사회 기사문 쓰는 법
사람들이 살고 있는 사회에 영향을 주는 중요한 일들에 대해 쓰는 기사문이에요. 학생들에게 영향을 주는 일, 국민들에게 영향을 주는 일 등 중요한 일을 기사로 써요.

경제 기사문 쓰는 법
우리가 살아가는 데 필요한 물건과 서비스를 만들고 구매하는 경제에 대해 쓰는 기사문이에요. 사람들이 돈을 벌고, 돈을 쓰고, 돈을 모으는 것에 대한 내용을 기사로 써요. 많은 사람들이 돈 관리를 위해서 경제 기사문을 보곤 하죠.

환경 기사문 쓰는 법
환경 문제에 대해 쓰는 기사문이에요. 지구 온난화, 이상 기후, 쓰레기 문제, 동물 보호 등 우리가 살고 있는 지구와 관련된 내용을 써서 사람들에게 환경의 심각성을 알리곤 해요.

과학 기사문 쓰는 법
과학 기술과 관련된 일이 일어났을 때 쓰는 기사문이에요. 새로운 기술이 등장했거나 사람들에게 알리고 싶은 과학 관련 내용을 기사로 써요.

인터뷰 기사문 쓰는 법
특정한 사람에게 여러 개의 질문을 하고 대답한 내용을 정리하여 쓰는 기사문이에요. 사건과 관련 있는 사람이나 한 분야의 전문가들과 만나 인터뷰를 하고 기사를 써요.

생활 기사문 쓰는 법
일상생활 속에서 일어난 다양한 일들에 대해 쓰는 기사문이에요. 다른 기사문에 비해 사소한 내용도 기사로 적을 수 있어요.

세계 기사문 쓰는 법
세계 곳곳에서 일어나는 일들에 대해 쓰는 기사문이에요. 외국 신문의 내용을 우리말로 바꾸어 쓰거나 외국에서 일어난 일을 우리나라 기자가 직접 방문해 살펴보고 기사를 쓰기도 해요.

5. 다양한 기사문

지금 이 순간에도 많은 기사문들이 쏟아지고 있어요. 수많은 기사문 중에는 역사적인 순간을 세상에 알린 것도 있죠. 역사적인 사건을 알린 기사문들을 살펴볼까요?

시일야방성대곡

시일야방성대곡은 '이 날에 목 놓아 운다'는 뜻으로, 1905년 <황성신문>에 실린 글이에요. 일본이 한국의 외교권을 박탈하려고 하는 을사늑약[1]의 부당함을 알리기 위해 쓴 글이지요.

3·1 운동 보도

1919년에 <독립신문>에서 일제 강점기 시절 독립운동 소식을 알린 기사예요.

다양한 기사문

인류 최초 달 착륙

1969년 7월 21일, <뉴욕타임스>에서 아폴로 11호의 닐 암스트롱이 인류 최초로 달에 착륙했다는 소식을 기사문으로 썼어요.

제1차 세계 대전 종전

1918년 11월 11일, <뉴욕타임스>에서 발행된 기사로, 독일이 항복하고 전쟁이 끝났다는 내용이 쓰여 있어요.

---

[1] 1905년 일본 제국이 우리나라의 외교권을 빼앗기 위해서 강제적으로 맺은 조약이에요. 이때 고종이 끝까지 조약을 맺는 걸 허락하지 않았기 때문에 원인 무효 조약이라고 할 수 있어요.

여러 개의 기사문을 실어 사람들에게 나누어 주거나 판매하는 종이를 종이 신문이라고 해요. 예전에는 종이 신문밖에 없었지만 인터넷이 발달하면서 언제 어디서든 기사를 읽을 수 있는 인터넷 신문이 등장했어요. 신문의 종류에는 어떤 것들이 있는지 살펴볼까요?

일간지
하루에 한 번씩 만들어지는 신문으로 매일매일 새로운 소식을 빠르게 알 수 있어요.

온라인 신문
종이에 인쇄하지 않고 인터넷에서 읽을 수 있는 신문이에요. 컴퓨터나 휴대전화 등으로 간편하게 볼 수 있어 사용하는 사람들이 점점 늘어나고 있어요.

다양한 신문

지역 신문
나라 전체가 아니라 한 도시나 특정 지역의 소식을 전하는 신문이에요. 그 지역의 사람들과 관련 있는 소식들이 주로 담겨 있어요.

학교 신문
학생들과 학부모들을 위해 만든 신문이에요. 학교에서 여는 행사나 각종 일정을 알려 주는 내용이 담겨 있어요.

연습 글쓰기 1

일어난 사건을 마인드맵으로 만들어 봐요.

글을 쓰기 전에 단어를 중심으로 '생각의 지도'인 마인드맵(Mind Map)을 만들어 봐요. 이렇게 지도를 그리듯이 정리하면 글을 쓸 때 좀 더 편할 거예요.

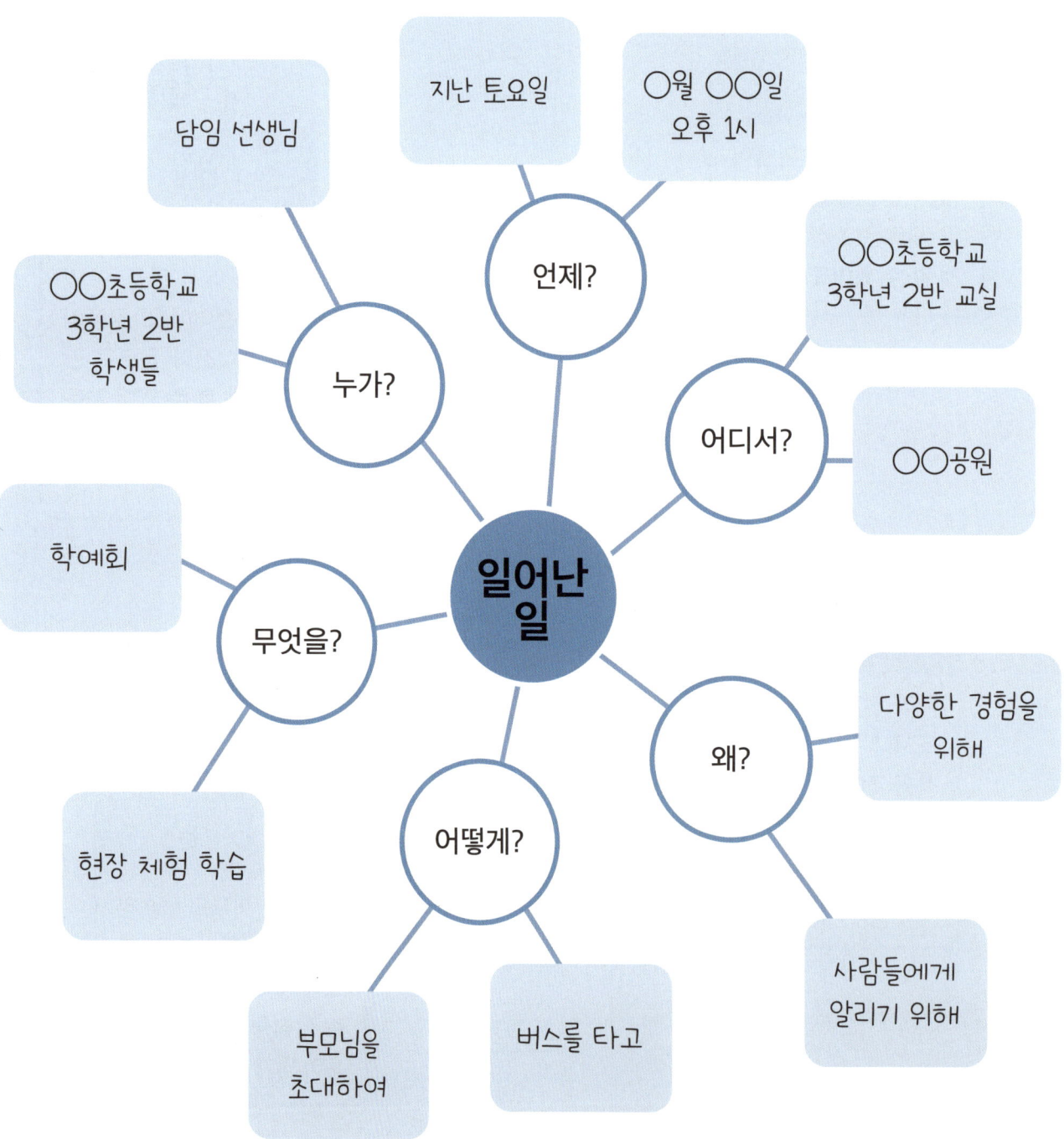

옆의 마인드맵을 참고해 자신의 마인드맵을 완성해 보세요.

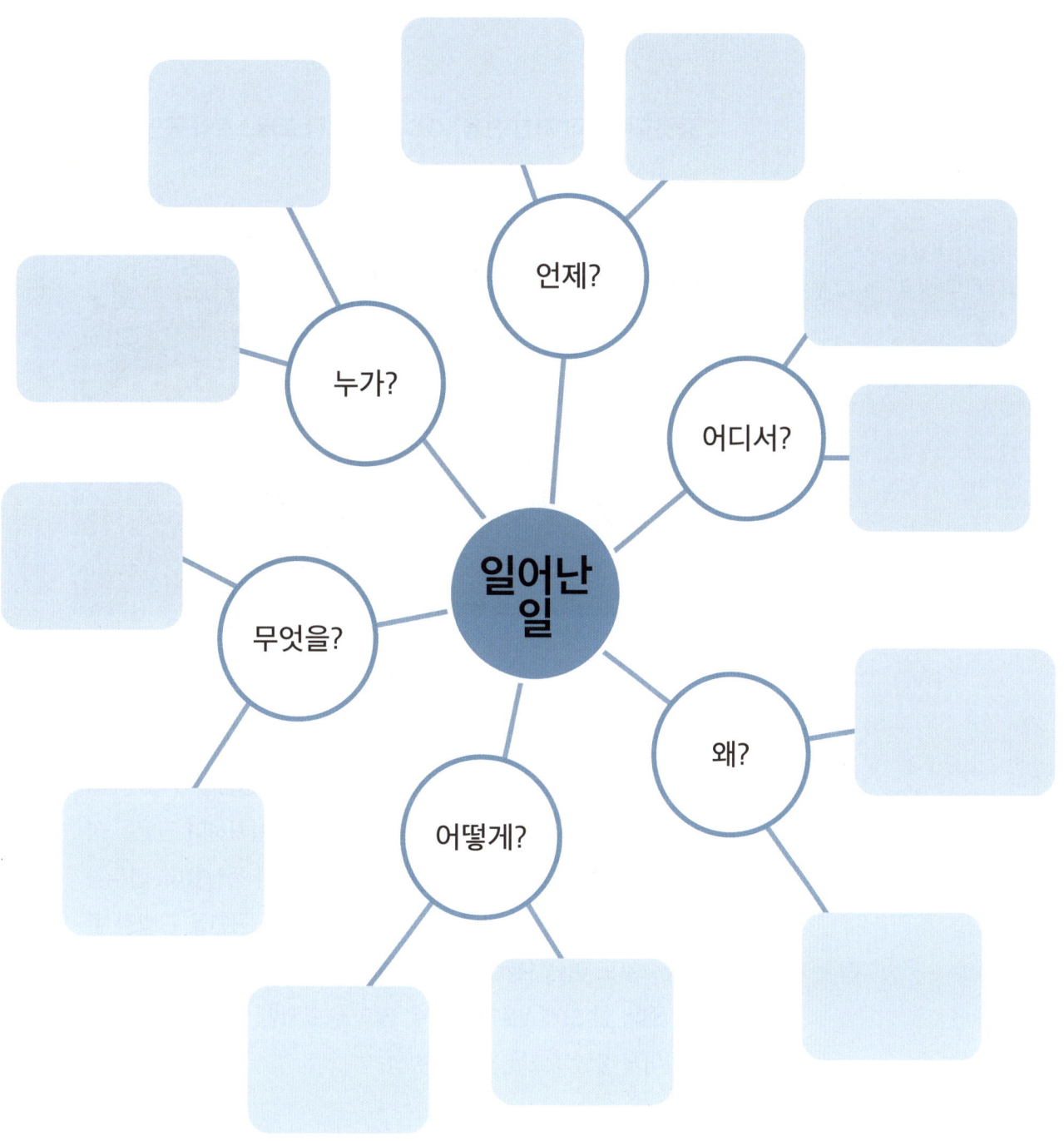

연습 글쓰기 2

우리 반에서 있었던 일을 기사문으로 써 봐요.

다음 나언이의 기사문을 보고 다음 물음에 답해 보세요.

옥 선생님의 한 줄 더!

기사문에서는 존댓말을 쓰지 않아요. 그래서 '일어났습니다' 대신 '일어났다'라고 써요. 정확한 사실을 전달하기 위해서는 간결하게 적는 것이 효과적이기 때문이에요.

"등굣길에 울려 퍼진 선율" ○○초, 특별한 오케스트라 공연

지난 금요일 등교 시간, ○○오케스트라 단원들이 ○○초등학교 교문에서 특별한 음악회를 열었다. 이 음악회의 이름은 <○○ 등굣길 음악회>로 ○○초등학교 학생들에게 오케스트라 공연을 경험할 수 있는 기회를 주기 위해 준비되었다. 교문 앞에 특별 무대를 설치하여 진행된 이번 공연에는 바이올린, 첼로, 플루트 등 다양한 악기가 등장했다. 연주를 들으며 학생들은 익숙한 노래를 따라 부르기도 했다. 공연을 관람한 한 학생은 "앞으로도 이런 오케스트라 공연이 자주 열렸으면 좋겠다."라고 말하기도 했다. 한 오케스트라 단원은 많이 떨렸지만 연습한 노래를 공연할 수 있어서 좋았다고 소감을 밝혔다.

이나언 기자

1 나언이의 기사문을 보고 육하원칙에 따라 기사문의 내용을 정리해 보세요.

> 누가 언제 어디서 무엇을 어떻게 왜

1) 누구에게 일어난 일인가요?
___

2) 언제 일어난 일인가요?
___

3) 어디에서 일어난 일인가요?
___

4) 무슨 일이 일어났나요?
___

5) 어떻게 했나요?
___

6) 왜 이 일이 일어났나요?
___

2 나언이의 기사문 내용과 일치하는 내용에는 ○ 표시를, 일치하지 않는 내용에는 × 표시를 해 보세요.

1) ○○초등학교에서 등굣길 음악회가 열렸다. (   )

2) 등굣길 음악회는 선생님들을 위한 공연이었다. (   )

3) 등굣길 음악회에서 바이올린은 사용되지 않았다. (   )

실전 글쓰기 1

우리 반의 문제를 알리는 기사문을 써 봐요.

다음 혜선이의 기사문을 보고 물음에 답해 보세요.

옥 선생님의 한 줄 더!

기사문을 통해 사람들에게 알리고 싶은 내용을 알릴 수도 있고, 사람들의 행동을 바꿀 수도 있어요.
기사와 관련 있는 사람에게 질문을 하고 그 대답을 기사에 적으면 기사의 내용이 더 흥미로워져요.

(   )

4월 12일, 3교시가 끝난 후 쉬는 시간에 ○○초등학교 3학년 1반 앞 복도에서 큰 사고가 일어났다. 화장실을 가기 위해 복도로 나가던 최유민 학생이 복도에서 친구와 장난을 치며 뛰어가던 강소미 학생과 크게 부딪친 것이다. 최유민 학생은 엉덩방아를 찧고 넘어지면서 울음을 터뜨렸다.

이 모습을 본 담임 선생님은 급히 강소미 학생을 보건실로 데리고 갔다. 다행히 강소미 학생은 크게 다치지 않았고, 최유민 학생도 치료를 받은 후 괜찮아졌다고 한다.

담임 선생님은 두 학생을 불러 앞으로 복도에서 뛰지 않도록 안내했다. 두 학생은 안전한 학교 생활을 위해 서로 조심하며 다니기로 했다. 복도를 뛰어다니다가 크게 다칠 수 있으므로 학생들은 복도에서 천천히 걸어 다니는 것이 좋다.

박혜선 기자

1 혜선이의 기사문 제목으로 적절한 것을 고르세요.

① 3학년 1반 복도 앞에서 사고가 발생하다.
② 보건실에 가는 학생들 점점 많아져…….
③ 달리기하면 건강에 도움 돼.

<보기>의 내용 중 하나를 골라 우리 반의 문제점에 대한 기사문을 써 보세요.

보기

우리 반 친구들의 언어 사용 문제
우리 반 친구들의 다툼 문제
우리 반의 쓰레기 문제
우리 반의 정리정돈 문제

 옥 선생님의 한 줄 더!

기사문에는 일어나지 않은 일을 지어내서는 안 돼요. 짐작한 내용을 써도 안 되고요. 문제라고 생각하는 내용을 기사로 쓰면서 이 문제에 대해 어떤 해결과 변화가 필요한지에 대해 생각해 보세요.

실전 글쓰기 2

기억에 남는 학교 행사를 기사문으로 써 봐요.

다음 예준이의 기사문을 보고 물음에 답해 보세요.

옥 선생님의 한 줄 더!

기사문의 문장을 너무 길게 쓰면 글을 읽는 사람이 내용을 이해하기 어려워요. 너무 긴 문장은 짧은 문장 여러 개로 나누어 쓰는 것이 좋아요.

○○초등학교 3학년, 공룡을 만나다.

지난 금요일, ○○초등학교 3학년 학생들은 특별한 현장 체험 학습을 다녀왔다. 학생들은 학교에서 버스를 타고 30분 거리에 있는 자연사 박물관으로 갔다. 이날 체험 학습은 과학 수업과 관련된 내용으로, 학생들은 다양한 동물 화석과 생물들의 모습을 보고 공부할 수 있었다.

<u>학생들은 박물관에서 다양한 전시물 중 특히 공룡 화석을 보고 감탄했고, 선생님들은 각 전시물에 대해 자세히 설명해 주었고, 학생들은 질문을 통해 많은 것을 배웠다.</u>

체험 학습을 마친 후, 학생들은 "너무 재미있었다.", "다음에도 이런 경험을 하고 싶다."라고 말했다. 이날의 경험은 학생들에게 좋은 학습 기회이자 실생활에서 과학을 배울 수 있는 소중한 시간이 되었다.

최예준 기자

---

1 예준이의 기사문 내용 중 밑줄 친 문장을 <보기>와 같이 여러 개의 문장으로 나누어 써 보세요.

> **보기**
>
> 체육 시간에 단체 줄넘기 시합을 했고 1반부터 3반까지 차례대로 단체 줄넘기를 했는데 결과는 1반이 50개로 1등을 했다.
>
> → 체육 시간에 단체 줄넘기 시합을 했다. 1반부터 3반까지 차례대로 단체 줄넘기를 했다. 결과는 1반이 50개로 1등을 했다.

학교에서 있었던 행사를 기사문으로 써 보세요.

(   )

그림이나 사진을 추가해 보세요.

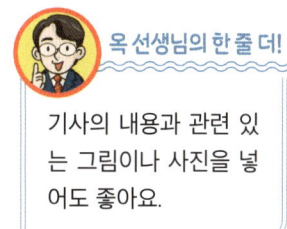

옥 선생님의 한 줄 더!

기사의 내용과 관련 있는 그림이나 사진을 넣어도 좋아요.

실전 글쓰기 3

자료를 활용해 기사문을 써 봐요.

다음 주연이의 기사문을 보고 물음에 답해 보세요.

옥 선생님의 한 줄 더!

기사문의 내용을 이해하기 쉽도록 표나 도표를 사용할 수 있어요. 기사에는 정확한 숫자를 적어 정확성을 높이는 것이 좋아요. 그러면 읽는 사람이 기사를 믿을 수 있게 된답니다.

3학년 3반 학생들의 책 읽는 시간은 얼마나 될까?

지난 화요일, 3학년 3반 학생들에게 설문 조사를 진행했다. 설문 조사의 주제는 <하루에 책을 얼마나 읽나요?>였고, 오늘 점심시간에 그 결과가 발표되었다.

설문 조사에 따르면, 20명 중 12명의 학생이 하루에 30분에서 1시간 정도 책을 읽는다고 답했다. 4명은 1시간 넘게 책을 읽는다고 답했고, 3명은 10분에서 20분 정도만 책을 읽는다고 말했다. 그리고 책을 1분도 읽지 않는다고 답한 학생도 1명 있었다.

결과 발표 후, 담임 선생님은 "책을 많이 읽는 것이 중요하다"라고 강조하며, 독서 시간을 더 많이 가져야 한다고 말했다. 학생들은 이번 설문을 통해 자신들의 책 읽는 습관을 돌아볼 수 있는 기회를 가지게 되었다고 말했다. 앞으로 책을 많이 읽어야겠다고 말한 친구도 있었다.

김주연 기자

---

1 주연이가 쓴 기사문을 보고 내용에 맞게 표를 정리해 보세요.

책 읽는 시간	읽지 않는다	10~30분	31분~1시간	1시간 이상	합계
학생 수	(　　)명	(　　)명	(　　)명	(　　)명	(　　)명

2 주연이는 누가 읽을 것이라고 생각하고 이 기사문을 썼을까요?

_____

<보기>의 내용 중 하나를 골라 설문 조사를 하고 기사문을 써 보세요.

보기

우리 반 친구들이 가장 좋아하는

과일   계절   과목

( )

					합계
학생 수	( )명	( )명	( )명	( )명	( )명

옥 선생님의 한 줄 더!

기사를 다 쓰고 나서 소리 내어 읽어 보세요. 소리 내어 읽다 보면 어색하거나 잘못된 부분을 찾을 수 있어요.

....

....

....

....

....

....

....

....

<주장문 관련> 사자성어·고사성어

'시시비비(是是非非)'는 옳고 그름을 따지며 다툰다는 고사성어야.

<주장문 관련> 속담·관용어

'옥신각신하다'는 서로 옳으니 그르니 하며 다툰다는 관용어야.

주장문

내 의견으로 다른 사람을 설득하는 글

"나는 놀이공원에 가고 싶은데 친구는 수영장에 가고 싶대요."
"갖고 싶은 물건을 살 수 있도록 부모님께 허락받고 싶어요."

주장문은 내 생각과 의견을 다른 사람에게 이해시키고 설득하기 위한 글이에요. 어떤 일에 대해 나와 다른 생각을 가진 상대방에게 내 생각을 이해시킬 수 있는 주장문, 같이 살펴볼까요?

주장문의 설명과 특징

알맞은 이유를 써야 해요.

1. 주장문이란 무엇일까요?

주장문은 한자로 주인 주(主), 베풀 장(張), 글월 문(文)입니다. 즉 내 생각과 주장을 내세운다는 뜻이에요. 어떠한 주제에 대해 자신이 갖고 있는 생각을 **근거**를 들어 써 보세요.

주장문에는 주장과 근거가 반드시 들어가야 해요. 내 주장을 뒷받침할 수 있는 근거가 있어야 읽는 사람을 설득할 수 있답니다. 글을 읽는 사람이 내 글을 읽고 어떤 생각을 하게 될지를 생각해 보며 글을 써 볼까요?

문해력 단어 짚고 가기

근거(根據)
어떤 일이나 판단, 주장 따위가 나오게 된 바탕이나 까닭을 말해요.

옥 선생님의 한 줄 더!
주장문을 쓸 때는 사람들이 서로 다른 생각을 하는 주제를 고르는 게 좋아요.

확인하기 1

다음 중 주장문에 대해 가장 잘 표현한 쪽지는 무엇인지 찾아서 ○ 표시해 보세요.

가 주장문에는 내 생각을 적어선 안 돼.

나 주장문은 다른 사람을 설득하기 위한 글이야.

다 주장문은 내가 읽기 위한 글이야.

라 주장문에 근거는 적지 않아도 괜찮아.

2. 주장문에는 어떤 형식이 있을까요?

논설문이라고도 하는 주장문은 크게 제목과 서론, 본론, 결론 세 부분으로 나뉘어요. 제목에는 내가 주장하려는 내용을 한마디로 적으면 돼요. 서론에는 주제와 관련된 문제와 나의 주장은 무엇인지 써요. 본론에는 주장에 대한 근거와 근거를 뒷받침하는 내용이 들어가요. 결론에는 지금까지 내가 한 말을 정리해서 쓰고, 나의 주장을 다시 한번 더 쓰면 돼요.

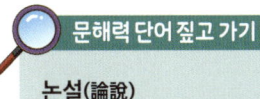

문해력 단어 짚고 가기

논설(論說)
어떤 주제에 대해서 자기의 의견이나 주장을 조리 있게 하는 것을 말해요.

예준이의 주장문을 통해 자세히 살펴볼까요?

체험 학습은 박물관으로 가야 해요. — 제목

다음 달 3학년이 체험 학습을 갑니다. 그런데 학생들마다 가고 싶은 체험 학습 장소가 다릅니다. 저는 다음 체험 학습은 박물관으로 가야 한다고 생각합니다. — 서론 (문제 상황+주장)

그 이유는 첫째, 박물관에서는 책에서만 보던 유물을 직접 볼 수 있습니다. 옛날 사람들이 사용하던 물건이나 그림을 보면 역사에 대한 이해가 더 쉬워집니다. — 본론 1 (근거+뒷받침 내용)

둘째, 박물관에서는 여러 가지 체험 활동을 할 수 있습니다. 예를 들어 전통 놀이를 해 볼 수도 있습니다. 이런 활동을 하면 역사와 문화를 더 깊이 배울 수 있습니다. — 본론 2 (근거+뒷받침 내용)

이런 이유로 체험 학습 장소로 박물관이 알맞습니다. 다음 체험 학습은 꼭 박물관으로 가야 합니다! — 결론

확인하기 2

다음 중 주장문의 내용이 어느 부분에 해당하는지 알맞게 연결해 보세요.

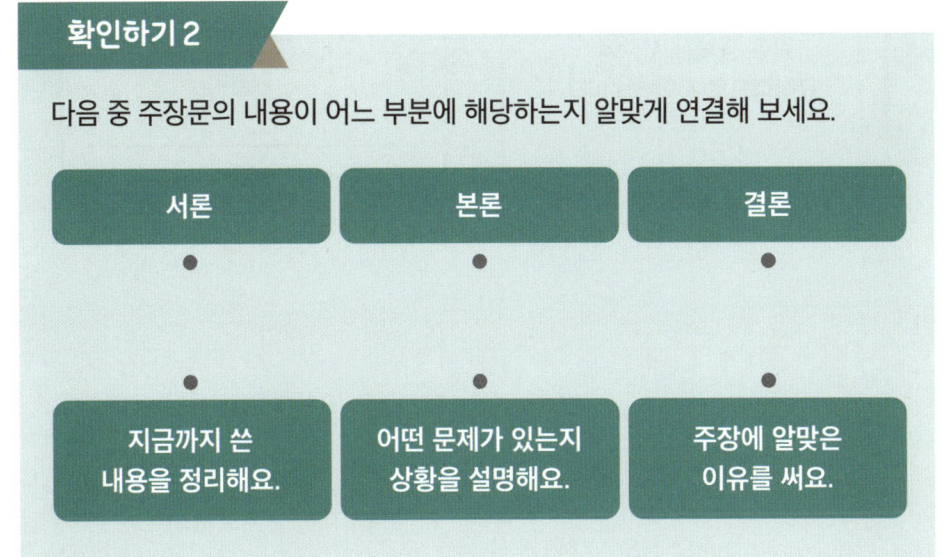

3. 주장문은 어떻게 써야 하나요?

주장문을 쓸 때는 상대방을 설득할 수 있는 적절한 근거를 쓰는 것이 중요해요. 근거는 주장하는 내용과 관련이 있어야 하고, 사실인 내용을 적어야 하죠. 그리고 그 근거를 뒷받침해 줄 수 있는 내용도 함께 적어서 읽는 사람이 여러분의 주장을 받아들이게 만들어야 한답니다.

옥 선생님의 한 줄 더!

근거를 쓰기 위해 책이나 인터넷에서 정보를 찾아 그 내용을 써도 좋아요. 하지만 정보를 찾을 때는 사실인지 아닌지를 따져 보아야 해요. 그리고 정보의 출처도 꼭 밝혀야 해요.

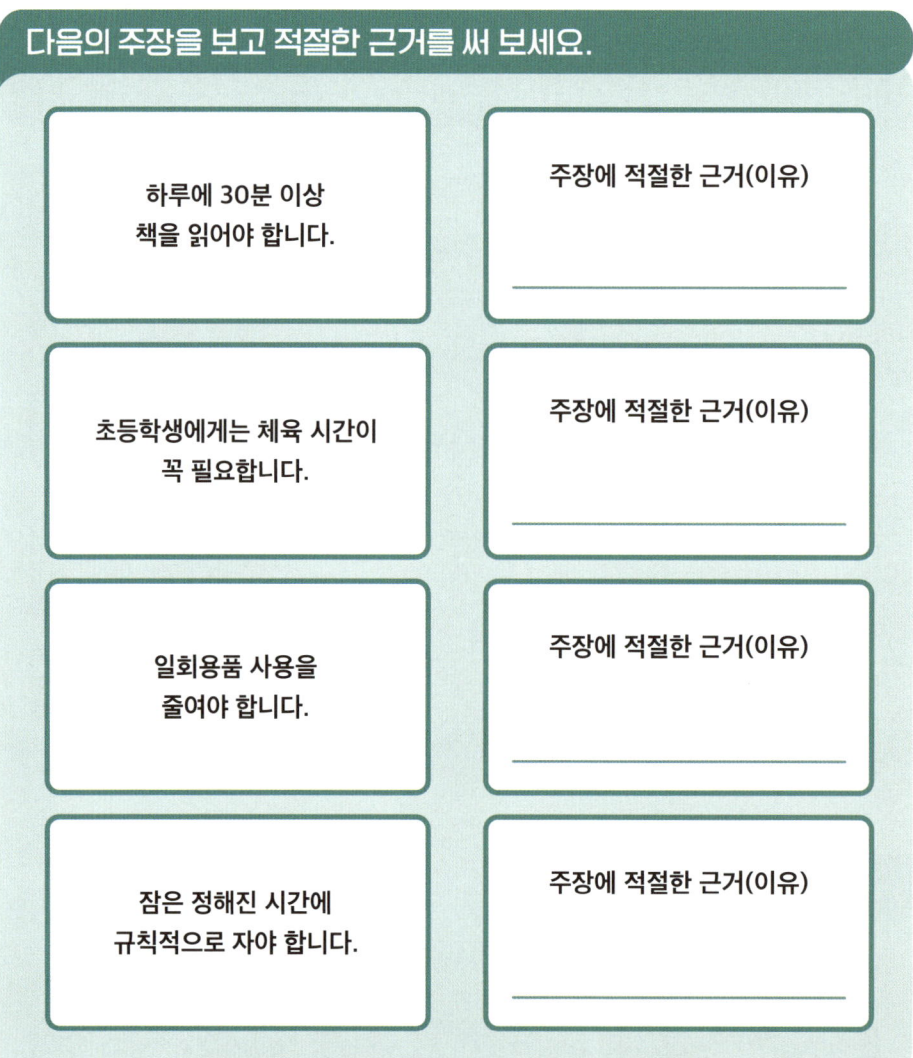

다음의 주장을 보고 적절한 근거를 써 보세요.

주장	주장에 적절한 근거(이유)
하루에 30분 이상 책을 읽어야 합니다.	_____
초등학생에게는 체육 시간이 꼭 필요합니다.	_____
일회용품 사용을 줄여야 합니다.	_____
잠은 정해진 시간에 규칙적으로 자야 합니다.	_____

4. 주장문에는 어떤 종류가 있나요?

주장문에는 주제에 따라 여러 종류가 있답니다. 건강 주장문, 도덕 주장문, 규칙 주장문, 생활 주장문 등이 있죠.

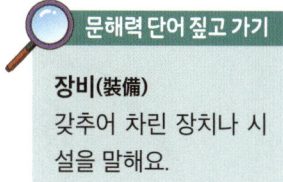

장비(裝備)
갖추어 차린 장치나 시설을 말해요.

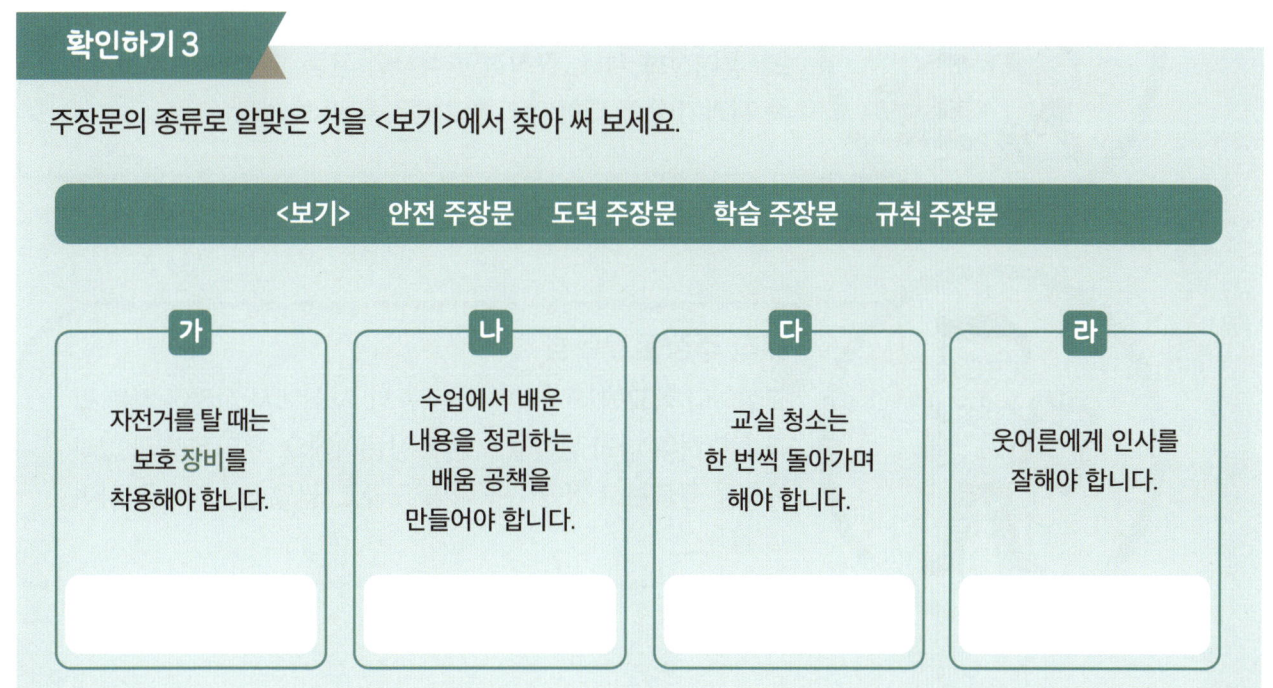

주장문의 종류에 대해 더 자세히 알아봐요.

건강 주장문 쓰는 법

우리의 건강을 지킬 수 있도록 음식, 수면, 운동 등과 관련된 나의 생각을 쓰는 주장문이에요. 주장하는 내용을 뒷받침하기 위해 실험 결과나 의사, 과학자 등의 말을 사용하면 좋아요.

도덕 주장문 쓰는 법

사람과 사람 사이에 지켜야 하는 예절, 예의와 관련하여 나의 생각을 쓰는 주장문이에요. 인사하기, 봉사하기, 배려하기와 같은 내용을 쓰면 좋아요. 우리 주변에서 예절과 예의를 지키지 않아 생겼던 문제들을 떠올려 보세요.

생활 주장문 쓰는 법

사람들의 생활습관과 관련하여 나의 생각을 쓰는 주장문이에요. 휴대전화 사용, 규칙적인 식사와 운동, 공부하는 시간, 약속 지키기 등에 대한 여러분의 생각을 써 보세요.

규칙 주장문 쓰는 법

교실이나 학교에서 지켜야 하는 규칙, 사회에서 지켜야 하는 법과 관련하여 나의 생각을 쓰는 주장문이에요. 우리 주변의 법과 규칙을 살펴보고 어떤 규칙이 필요하고, 필요 없는지 생각하여 써 보세요.

환경 주장문 쓰는 법
지구의 환경과 관련하여 나의 생각을 쓰는 주장문이에요. 지구 온난화, 멸종 위기 동물, 쓰레기 문제 등 환경을 보호하기 위해 우리가 해야 할 행동에 대해 생각해 보면 좋아요.

학습 주장문 쓰는 법
공부와 관련하여 나의 생각을 쓰는 주장문이에요. 학습에 방해가 되는 건 무엇인지, 그것들이 학습에 어떤 영향을 주는지, 어떻게 하면 집중할 수 있는지에 대해 써 보세요.

안전 주장문 쓰는 법
사람들의 안전을 지키기 위한 나의 생각을 쓰는 주장문이에요. 사람들의 행동이 얼마나 위험한지 알려 주는 자료를 찾아보세요. 그리고 사고가 얼마나 났는지, 왜 났는지 등에 대한 자료를 찾아 근거로 써 보세요.

5. 다양한 주장문

역사 속 인물들은 더 나은 세상을 만들기 위해 사람들을 설득하는 글을 썼어요. 그리고 그렇게 쓴 글을 사람들 앞에서 읽고, 사람들의 생각에 많은 영향을 주었죠. 역사 속 인물들이 사람들을 설득하기 위해 썼던 글들을 살펴볼까요?

말랄라 유사프자이 UN 연설문

파키스탄 소녀 말랄라 유사프자이는 UN 연설에서 '총보다 책'이라는 말이 담긴 연설문을 통해 여성과 아동 교육의 필요성에 대해 주장했어요.

프랭클린 루스벨트

미국의 대통령 루스벨트는 제2차 세계 대전 중 평화를 지키기 위한 노력에 대해 연설했어요. 이 연설에서 루스벨트는 인류가 지켜야 할 네 가지 기본적인 자유를 소개했답니다.

다양한 연설문

I Have a Dream.

마틴 루서 킹 목사는 미국의 워싱턴 D.C. 기념관에서 '나에게는 꿈이 있습니다'라고 불리는 연설을 통해 인종 차별을 없애야 한다고 주장했어요.

그레타 툰베리 UN 연설

스웨덴의 환경 운동가 그레타 툰베리는 UN에서 기후 변화를 막기 위해 모든 나라들이 노력을 시작해야 한다고 주장했어요.

왕이 나라를 다스렸던 고려 시대와 조선 시대에는 왕이 모든 결정을 내렸어요. 하지만 신하들은 더 나은 나라를 만들기 위해 왕에게 자신의 생각과 주장을 글로 써서 올렸어요. 이것을 상소문이라고 해요. 옛날 신하들은 어떤 글을 써서 왕을 설득하려고 했을까요? 또 안중근 의사는 어떤 주장문을 썼을까요?

율곡 이이의 십만양병설

조선 시대의 문신 율곡 이이는 조선을 개혁하는 내용을 담은 <시무육조>를 써서 선조에게 전쟁에 대비해 10만 명의 군사를 준비해야 한다고 했어요.

최승로의 시무 28조

고려 시대의 문신 최승로는 성종에게 중요하게 다뤄야 하는 일들에 대한 자신의 생각을 담은 상소문을 올렸어요.

역사 속 상소문

최만리의 상소문

조선 시대의 문신 최만리는 세종 대왕에게 한자를 버리는 것은 스스로 오랑캐가 되는 것이라며 새로운 글자를 만드는 걸 반대하는 상소문을 올렸어요.

안중근 의사의 동양평화론

이토 히로부미를 저격한 뒤 뤼순 감옥에 갇힌 안중근 의사는 감옥에서 동양의 평화를 위해 어떻게 해야 하는지 썼어요. 그러나 사형이 집행되어 글은 완성되지 못했답니다.

연습 글쓰기 1

주장문의 구조를 마인드맵으로 만들어 봐요.

글을 쓰기 전에 단어를 중심으로 '생각의 지도'인 마인드맵(Mind Map)을 만들어 봐요. 이렇게 지도를 그리듯이 정리하면 글을 쓸 때 좀 더 편할 거예요.

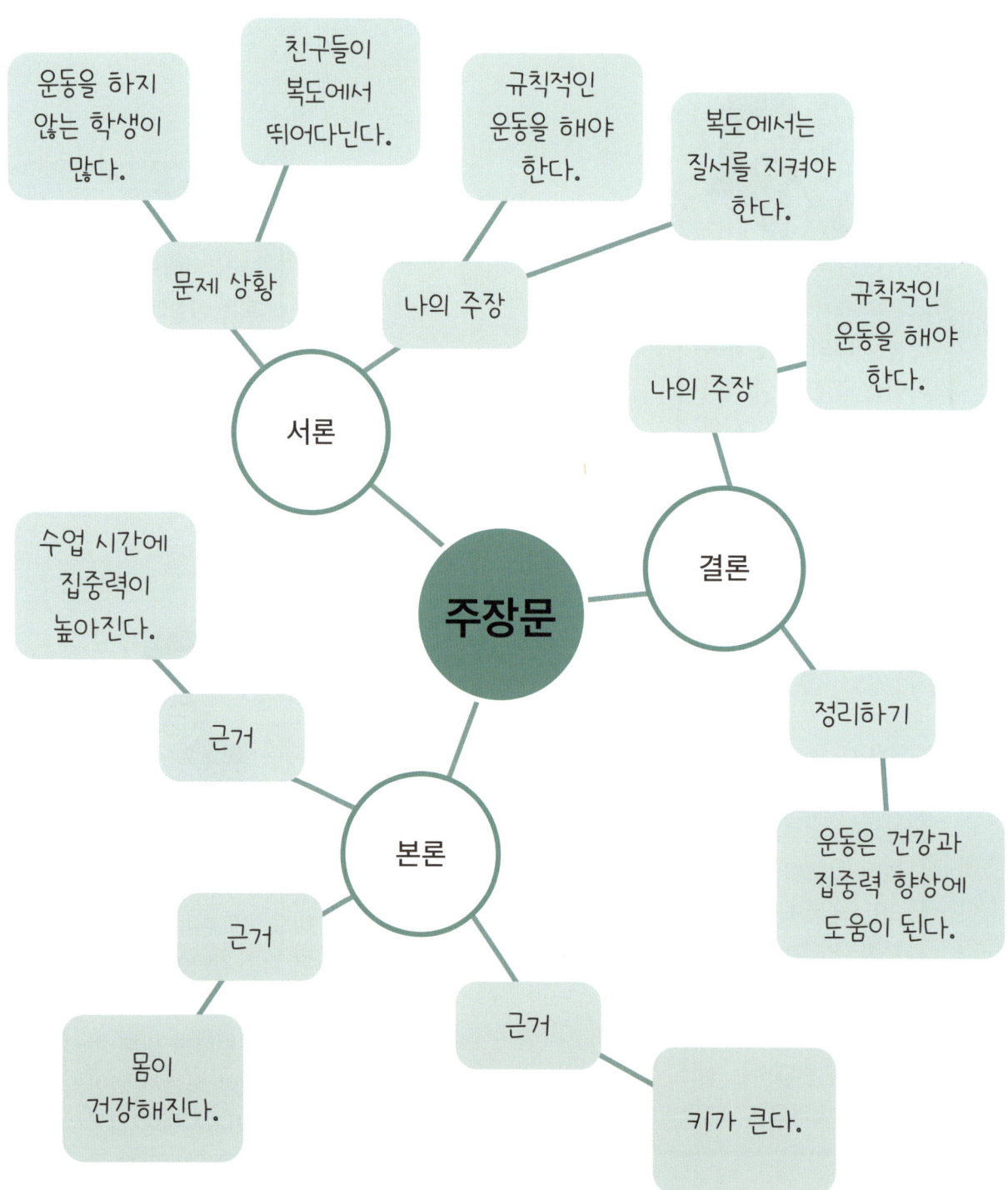

옆의 마인드맵을 참고해 자신의 마인드맵을 완성해 보세요.

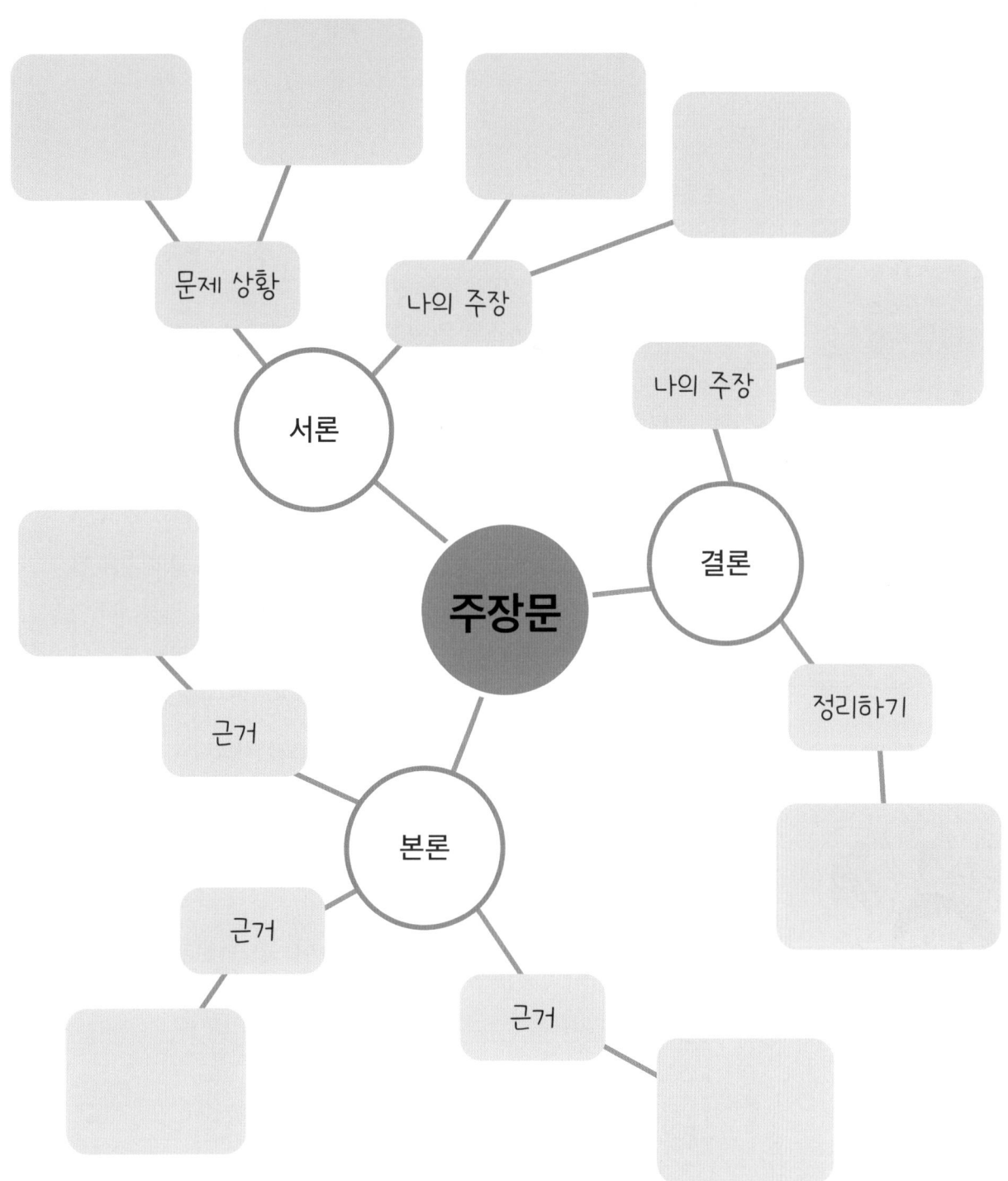

연습 글쓰기 2

자신의 생각을 논리적으로 써 봐요.

다음 나언이의 주장문을 보고 물음에 답해 보세요.

 **옥 선생님의 한 줄 더!**

주장문은 근거가 2개일 경우 서론-본론 1-본론 2-결론의 구조로 이루어져요. 각 문단은 3~4개의 문장으로 이루어지죠.
문단을 새로 시작할 때는 줄을 바꾸고, 글의 시작은 한 칸을 비우고 쓰는 들여쓰기를 해야 해요.

(　　　　　　　　　　　　)

　초등학생도 생활하는 데 어느 정도의 돈이 필요합니다. 그런데 대부분의 초등학생은 필요할 때마다 부모님에게 돈을 받아 생활하고 있다고 합니다. 하지만 초등학생도 용돈을 받아 생활해야 합니다.

　첫째, 용돈을 받으면 스스로 돈 관리하는 법을 배울 수 있습니다. 일부를 저축하거나 필요한 물건을 사는 경험을 통해 돈의 중요성을 알게 됩니다. 이렇게 용돈을 잘 관리하면 어른이 되었을 때 더 현명하게 돈을 사용할 수 있게 됩니다.

　둘째, 용돈을 통해 책임감을 기를 수 있습니다. 용돈을 받은 후에 그 돈을 어떻게 쓸지 계획하고, 정해진 돈을 잘 활용하는 태도를 배우게 됩니다. 이를 통해 자신의 돈에 대해 책임지는 태도를 기를 수 있습니다.

　결론적으로, 초등학생에게도 용돈이 필요합니다. 용돈을 통해 돈을 관리하는 능력과 책임감을 배우는 것은 중요한 경험이기 때문입니다. 따라서 초등학생도 용돈을 받는 것이 바람직하다고 생각합니다.

1 나언이의 주장문을 보고 아래의 표를 완성해 보세요.

주장문의 구조		중심 문단(문단에서 가장 중요한 문장)
서론		
본론	근거 1	
	근거 2	
결론		

2 나언이의 주장문에 알맞은 제목을 써 보세요.

_____

3 나언이의 주장과 일치하는 내용에는 ○ 표시를, 일치하지 않는 내용에는 ×
표시를 해 보세요.

1) 대부분의 초등학생은 필요할 때마다 부모님께 돈을 받아 생활한다. (   )
2) 초등학생이 용돈을 받으면 책임감을 기를 수 있다고 생각한다.
   (   )
3) 초등학생에게 용돈이 필요하지 않다고 생각한다. (   )

4 나언이와 반대되는 주장을 하고자 한다면 어떤 근거를 들 수 있을지 생각해
보고 아래의 표를 완성해 보세요.

주장문의 구조		중심 문단(문단에서 가장 중요한 문장)
서론		초등학생은 용돈이 필요 없다.
본론	근거 1	
	근거 2	
결론		초등학생에게는 용돈이 필요하지 않다.

실전 글쓰기 1

학교에서 지켜야 할 일에 대한 주장문을 써 봐요.

다음 혜선이의 규칙 주장문을 보고 물음에 답해 보세요.

 **옥 선생님의 한 줄 더!**

'괜찮을 것 같다', '~일 수도 있다'와 같이 모호한 표현은 주장문에서 사용하지 않아요. 그리고 '반드시', '무조건' 같은 단정 짓는 표현도 주장문에서는 사용하지 않는 것이 좋아요.

쉬는 시간에 운동장에 나가면 안 된다.

요즘 쉬는 시간에 운동장에 나가서 노는 학생들이 많습니다. 그런데 수업 종소리를 듣지 못해 교실에 늦게 들어오는 일이 생기고 있습니다. ㉠ 학교에서 쉬는 시간에 운동장에 나가서는 안 될지도 모릅니다.

첫째, 운동장에 나가면 수업 준비 시간이 부족해집니다. 운동장에서 놀고 급하게 들어오다 보면 다음 수업에 집중하기가 힘들어집니다. 이로 인해 수업에 제대로 참여하기 어려울 수 있습니다.

둘째, ㉡ 운동장에서 사고가 반드시 일어납니다. 친구들과 뛰어 놀다가 넘어지거나 부딪히면 다칠 수 있습니다. 특히 많은 사람이 한 번에 나가면 사고가 발생할 가능성이 높습니다.

그러므로 쉬는 시간에 운동장에 나가기보다는 교실에서 안전하게 시간을 보내는 것이 더 좋습니다. 사고를 예방하고 다음 수업에 더 집중할 수 있기 때문입니다.

---

1 혜선이의 주장문을 보고 밑줄 친 부분을 바르게 고쳐 써 보세요.

예 간식을 많이 먹으면 안 될지도 모릅니다. → 간식을 많이 먹으면 안 됩니다.
무조건 채소를 많이 먹어야 합니다. → 채소를 많이 먹어야 합니다.

1) ㉠ : _____

2) ㉡ : _____

교실에서 생기는 문제점에 대한 나의 주장문을 써 보세요.

(서론) 요즘 교실에서 친구에게 욕을 쓰는 학생이 늘어나고 있습니다. 욕을 전혀 사용하지 않는 학생도 많지만 하루에 열 번도 넘게 욕을 쓰는 학생도 있습니다.

(주장) ....

(근거 1) 첫째, ...

....

....

(근거 2) 둘째, ...

....

....

(결론) 그러므로 ....

....

....

 옥 선생님의 한 줄 더!

문제 상황이 계속될 때는 어떤 점이 안 좋을지 생각해 근거로 써 보세요.
내가 글을 읽는 사람이라면 내가 쓴 글을 읽고 어떤 생각을 할지 생각해 보세요.

실전 글쓰기 2

자료를 찾아 주장문을 써 봐요.

다음 예준이의 생활 주장문을 보고 물음에 답해 보세요.

옥 선생님의 한 줄 더!

주장을 뒷받침할 근거를 쓸 때는 책, 신문기사, 전문가의 인터뷰 등을 사용할 수 있어요. 자료를 조사해 글에 쓸 때는 어떤 책이나 기사인지, 누가 한 말인지를 정확히 밝혀야 해요.

학교에서는 휴대전화를 사용해서는 안 된다.

요즘 초등학생들은 대부분 휴대전화를 가지고 다닙니다. 그런데 영국 등 많은 나라에서는 학교에서 휴대전화 사용을 금지하는 규칙을 만들고 있다고 합니다. 우리나라도 학교에서 휴대전화를 사용하지 못하도록 해야 합니다.

그 이유는 첫째, 휴대전화가 집중력을 떨어뜨리기 때문입니다. 《인스타 브레인》이라는 책에 의하면 휴대전화를 보지 않고 주머니에 넣어 두고만 있어도 집중력이 떨어진다고 합니다. 게다가 학교에 휴대전화를 가져오면 공부에 집중할 수가 없습니다.

둘째, 친구들과의 대화가 줄어들기 때문입니다. 휴대전화를 가지고 있으면 친구들과 함께 있을 때도 게임을 하거나 영상을 보게 됩니다. <한국언론진흥재단>의 조사에 따르면 스마트폰을 하루에 4시간 이상 사용하는 초등학생이 22.5%라고 합니다. 게임을 하느라 친구들과 대화를 하며 서로에 대해 알아가고 추억을 만들 시간이 없는 겁니다.

그러므로 학교에서 휴대전화를 사용하는 것은 좋지 않습니다. 학교에서 휴대전화를 사용하지 못하도록 해서 수업에 집중하고, 친구들과 많은 시간을 보낼 수 있도록 해야 합니다.

1 예준이가 주장문에 사용한 자료는 무엇인지 정리해 보세요.

1) 자료의 종류: _____ , _____

2) 사용한 자료: _____ , _____

다양한 근거 자료를 찾아 주장문을 써 보세요.

규칙적으로 운동을 해야 한다.

많은 학생들이 여가 시간을 휴대전화를 하거나 TV를 보는 데 사용하고 있습니다. 하지만 규칙적으로 운동하는 학생들은 적다고 합니다. 초등학생도 규칙적으로 운동을 해야 합니다. 이유는 다음과 같습니다.

첫째, 규칙적인 운동은 건강을 지키는 데 필수적이기 때문입니다.

(   )에 따르면
(   )라고 합니다.

둘째, 규칙적인 운동은 공부 집중력을 높여 주기 때문입니다.

(   )에 따르면
(   )라고 합니다.

그러므로 규칙적으로 운동하는 것은 우리의 몸을 건강하게 유지하는 데 매우 중요합니다. 꾸준한 운동은 더 나은 삶을 위해 꼭 필요한 습관이므로 매일 조금씩 운동하는 것이 바람직합니다.

 **옥 선생님의 한 줄 더!**

근거는 주장을 잘 뒷받침해야 해요. 이를 '근거의 타당성'이라고 해요. 정확한 숫자를 알려 줄 수 있는 자료도 좋은 자료예요. 자료는 믿을 수 있는 곳의 자료를 사용해야 해요. 옆 반 친구의 말과 같은 자료는 많은 사람들이 믿기 어려운 자료랍니다.

실전 글쓰기 3

알맞은 근거를 찾아 주장문을 써 봐요.

다음 주연이의 학습 주장문을 보고 물음에 답해 보세요.

주장문의 근거가 주장과 어울리는 근거인지 생각해 보세요.

아침 활동 시간에 독서를 해야 한다.

우리 학교는 1교시 수업 전, 8시 40분부터 9시까지 20분을 아침 활동 시간으로 정해 두었습니다. 그런데 지난주부터 이 시간에는 독서만 해야 한다는 규칙이 생겼습니다. 저는 이 규칙에 찬성합니다.

그 이유는 첫째, 독서 습관을 기를 수 있기 때문입니다. 설문 조사 결과 우리 반 친구들 25명 중 8명이 일주일 동안 책을 전혀 읽지 않는다고 했습니다. 이 시간에 책을 읽으면 하루 20분이라도 독서를 할 수 있습니다.

둘째, 학교 도서관에서 책을 빌릴 수 있기 때문입니다. 우리 학교 도서관에는 3,000권이 넘는 책이 있고, 원하는 책을 빌려 읽을 수 있습니다.

그러므로 아침 활동 시간에 독서하는 것에 찬성합니다. 독서를 통해 지식을 얻고, 집중력을 키울 수 있으며, 조용한 분위기를 만들 수 있습니다.

---

1 주연이의 주장문을 보고 주장에 대한 근거와 이유를 정리해 보고, 주장에 어울리는 근거인지 생각해 보세요.

주장: 아침 활동 시간에 독서만 해야 한다.

1) 근거 1: _____

   주장과 근거가 (어울린다/어울리지 않는다)

2) 근거 2: _____

   주장과 근거가 (어울린다/어울리지 않는다)

주장을 뒷받침할 근거 자료를 찾아서 주장문을 써 보세요.

아침 활동 시간에는 자신이 하고 싶은 활동을 하도록 해야 한다.

(서론)

(근거 1) 첫째,

(근거 2) 둘째,

(결론) 그러므로

옥 선생님의 한 줄 더!

찬성과 반대 주장을 모두 써 보는 것이 내 주장이 어디에 더 가까운지, 주장과 근거가 어울리는지 생각하는 데 도움이 돼요.

<설명문 관련> 사자성어·고사성어

'일목요연(一目瞭然)'은 한 번 보고 대번에 알 수 있을 만큼 분명하고 뚜렷하다는 사자성어야.

<설명문 관련> 속담·관용어

'장님 코끼리 만지는 격'은 부분만 알면서 전체를 안다고 생각한다는 어리석음을 말하는 속담이야.

어떤 사실이나 대상을 쉽게 알려 주는 글
설명문

"라면 끓이는 순서를 정확하게 알고 싶어요."
"새로 산 장난감을 어떻게 가지고 노는 건지 궁금해요."

설명문은 어떤 대상을 다른 사람에게 알기 쉽게 풀어 알려 주는 글이에요. 우리가 일상에서 궁금해하는 다양한 대상을 알려 주는 설명문, 같이 살펴볼까요?

설명문의 설명과 특징

알기 쉽게 설명해요.

1. 설명문이란 무엇일까요?

설명문은 한자로 말씀 설(說), 밝을 명(明), 글월 문(文)입니다. 즉 어떤 대상에 대해 읽는 사람이 이해할 수 있도록 쉽게 풀어 쓴 글이라는 뜻이에요. 설명문은 읽는 사람이 이해할 수 있도록 정확하고 **분명**한 정보를 담는 것이 중요해요.

설명문을 쓸 때는 글을 읽는 사람이 누구인지, 전달하고자 하는 내용이 무엇인지 고민하면서 쓰는 것이 중요하답니다.

문해력 단어 짚고 가기

분명(分明)
틀림없이, 확실하다는 것을 말해요.

옥 선생님의 한 줄 더!
설명문을 쓸 때는 정확한 사실을 바탕으로 써야 하고, 나의 생각이나 느낌은 넣지 않아야 해요.

확인하기 1

다음 중 설명문에 대해 가장 잘 표현한 쪽지는 무엇인지 찾아서 ○ 표시해 보세요.

가 설명문은 내 의견을 적는 글이야.

나 설명문은 정보를 정확하게 전달하는 글이야.

다 설명문은 감정을 표현하는 글이야.

라 설명문은 내가 생각하는 내용을 강조하는 글이야.

2. 설명문에는 어떤 형식이 있을까요?

설명문은 크게 제목, 처음, 중간, 끝으로 이루어져요. 제목에는 설명하려는 대상의 이름을 적는 것이 좋아요. 첫 부분에는 왜 이 대상을 설명하려고 하는지에 대한 이유와 그 대상을 소개해야 해요. 중간 부분에는 설명하려는 대상의 특징이나 설명하려는 내용을 자세하게 써요. 마지막 부분에서는 설명한 내용을 정리하고 **요약**하면 돼요.

문해력 단어 짚고 가기

요약(要約)
말이나 글의 중요한 부분을 줄여서 간단하게 설명하는 것을 말해요.

유의(留意)
마음에 새겨 두어 조심하여 관심을 가지는 것을 말해요.

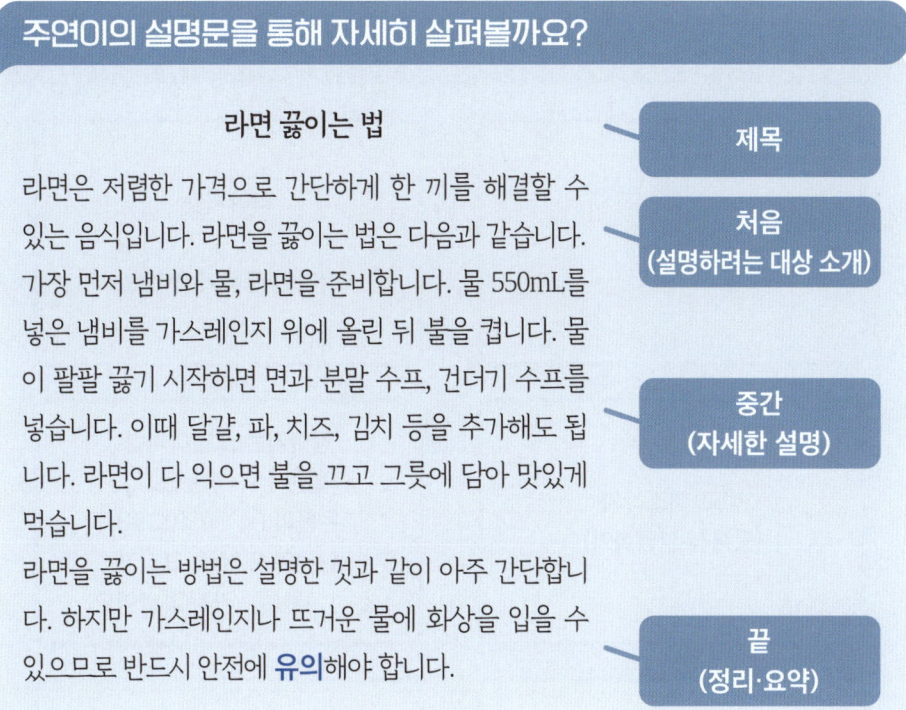

주연이의 설명문을 통해 자세히 살펴볼까요?

라면 끓이는 법 — 제목

라면은 저렴한 가격으로 간단하게 한 끼를 해결할 수 있는 음식입니다. 라면을 끓이는 법은 다음과 같습니다. — 처음 (설명하려는 대상 소개)

가장 먼저 냄비와 물, 라면을 준비합니다. 물 550mL를 넣은 냄비를 가스레인지 위에 올린 뒤 불을 켭니다. 물이 팔팔 끓기 시작하면 면과 분말 수프, 건더기 수프를 넣습니다. 이때 달걀, 파, 치즈, 김치 등을 추가해도 됩니다. 라면이 다 익으면 불을 끄고 그릇에 담아 맛있게 먹습니다. — 중간 (자세한 설명)

라면을 끓이는 방법은 설명한 것과 같이 아주 간단합니다. 하지만 가스레인지나 뜨거운 물에 화상을 입을 수 있으므로 반드시 안전에 **유의**해야 합니다. — 끝 (정리·요약)

확인하기 2

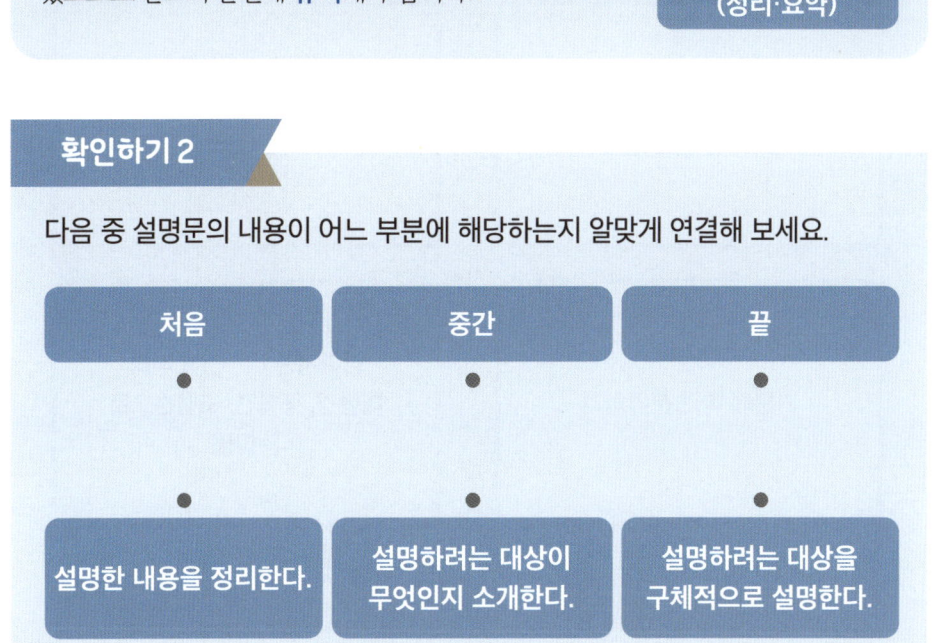

다음 중 설명문의 내용이 어느 부분에 해당하는지 알맞게 연결해 보세요.

처음 — 설명한 내용을 정리한다.
중간 — 설명하려는 대상이 무엇인지 소개한다.
끝 — 설명하려는 대상을 구체적으로 설명한다.

3. 설명문은 어떻게 써야 하나요?

 설명문을 쓸 때는 읽는 사람이 쉽게 이해할 수 있도록 정확하고 분명한 표현을 사용하는 것이 중요해요. 또 이해를 돕기 위해 예시 들기, 비교하기, 대조하기, 분류하기(나누기) 등 여러 가지 방법을 사용할 수 있어요. 글을 쓸 때는 설명하려는 내용에 잘못된 내용이 없는지 여러 번 확인해야 해요.

옥 선생님의 한 줄 더!

설명문을 쓸 때는 누가 읽을 글인지 잘 생각해야 해요. 읽는 사람에게 어려울 수 있는 단어보다는 누구나 쉽게 이해할 수 있는 단어를 사용하는 것이 좋아요.

다양한 설명 방법을 이용해 강아지를 설명하는 글을 써 보세요.

예시 들기	강아지는 ( ), ( ), ( ) 등 다양한 종류가 있어요.
비교·대조하기 (공통점 설명하기)	강아지는 고양이처럼 발이 ( )개 있고, 온몸이 ( )로(으로) 뒤덮여 있어요. 그리고 ( )을(를) 가지고 있어요.
비교·대조하기 (차이점 설명하기)	강아지는 고양이와 다르게 ( )하는 소리를 내요.
기준에 따라 분류하기	강아지는 ( )에 따라 대형견, 중형견, 소형견으로 나뉘어요.

4. 설명문에는 어떤 종류가 있나요?

설명문에는 어떤 대상을 어떻게 소개하는지에 따라 여러 종류가 있답니다. 사용 방법을 알려 주는 설명문, 주의 사항을 알려 주는 설명문, 행사를 소개하는 설명문 등이 있죠.

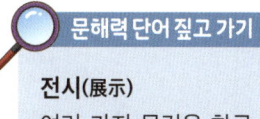

문해력 단어 짚고 가기

전시(展示)
여러 가지 물건을 한곳에 벌여 놓고 보는 것을 말해요.

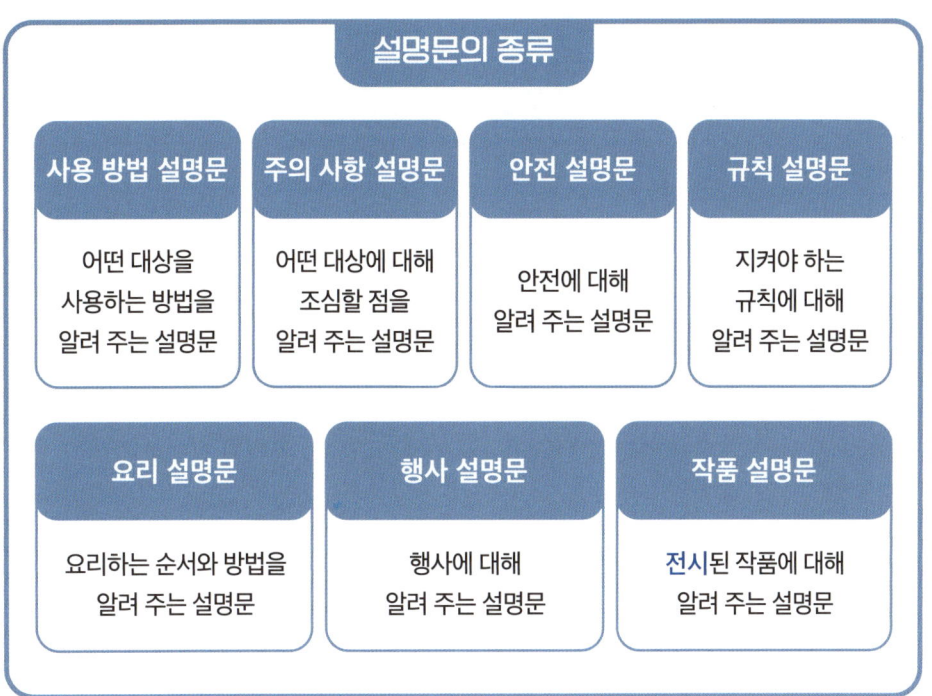

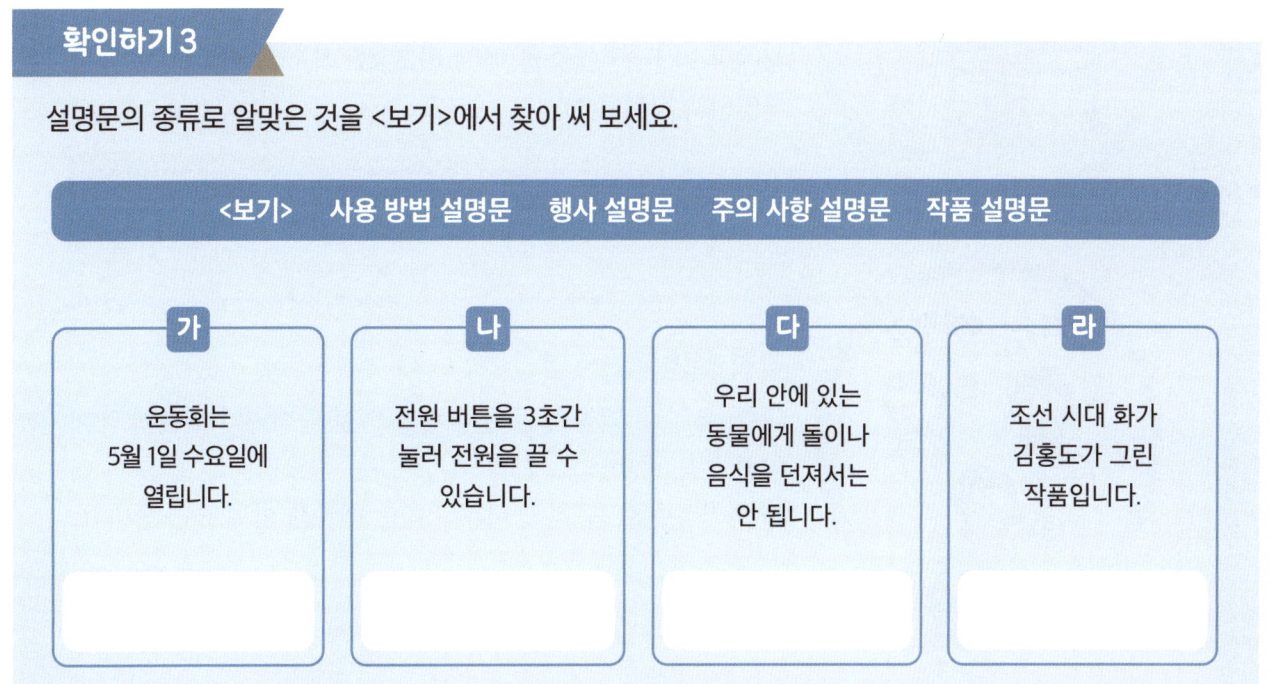

확인하기 3

설명문의 종류로 알맞은 것을 <보기>에서 찾아 써 보세요.

<보기> 사용 방법 설명문   행사 설명문   주의 사항 설명문   작품 설명문

가
운동회는 5월 1일 수요일에 열립니다.

나
전원 버튼을 3초간 눌러 전원을 끌 수 있습니다.

다
우리 안에 있는 동물에게 돌이나 음식을 던져서는 안 됩니다.

라
조선 시대 화가 김홍도가 그린 작품입니다.

설명문의 종류에 대해 더 자세히 알아봐요.

사용 방법 설명문 쓰는 법
어떤 물건을 사용하는 방법에 대해 알려 주는 설명문이에요. 여러 부분으로 나누어 자세하게 설명해 줘야 해요. 글을 읽는 사람이 물건을 처음 쓴다는 생각으로 써 보세요.

주의 사항 설명문 쓰는 법
어떤 대상을 사용할 때 조심해야 하는 내용에 대해 자세하게 알려 주는 설명문이에요. 글을 읽는 사람이 해서는 안 되는 내용을 써 보세요.

안전 설명문 쓰는 법
안전을 지킬 수 있는 방법에 대해 알려 주는 설명문이에요. 상황에 따라 어떤 것들을 해야 하고, 또 하지 말아야 하는 것은 무엇인지 자세히 설명해 보세요.

규칙 설명문 쓰는 법
교실, 경기장, 박물관 등에서 지켜야 할 규칙이나 예절에 대해 알려 주는 글이에요. 길게 적기보다는 중요한 내용을 알기 쉽게 적어야 해요. 규칙을 지켜야 하는 이유를 함께 쓰면 좋아요.

요리 설명문 쓰는 법
음식을 만드는 방법에 대해 알려 주는 설명문이에요. 음식을 만들 때 필요한 재료와 도구를 소개하고, 만드는 방법을 알려 주죠. 음식 만드는 과정은 시간 순서대로 설명해야 해요.

행사 설명문 쓰는 법
운동회, 학예회 등 행사에 대해 알려 주는 설명문이에요. 행사의 이름, 행사를 하는 날짜와 시간, 행사가 열리는 장소, 행사의 내용 등을 정확하게 알 수 있도록 내용을 자세히 써야 해요.

작품 설명문 쓰는 법
박물관, 미술관 등에 전시된 작품에 대해 알려 주는 설명문이에요. 작품의 이름, 작품이 만들어진 연도, 작가의 이름 등 관람하는 사람이 작품에 대한 정보를 알 수 있도록 자세히 써야 해요.

5. 다양한 설명문

전쟁에서 싸우는 모습을 설명할 때, 건물을 짓는 방법을 설명할 때, 새롭게 생겨난 글자를 설명할 때 말로 설명할 수도 있지만 글로 적어 두면 시간이 지나도 사람들이 확인할 수 있어요. 역사 속 설명문들을 살펴볼까요?

이순신 장군의 학인전도
임진왜란에서 수많은 전투를 승리로 이끈 이순신 장군은 배들의 배치를 그림으로 나타내어 부하들에게 설명했어요.

화성성역의궤
수원 화성을 만든 방법이 적혀 있는 책이에요. 벽돌이 몇 개 필요한지, 어떤 기계가 필요한지 등 자세한 내용이 쓰여 있어요.

국조오례의
조선 시대 성종 때 만들어진 책이에요. 나라에서 지내는 다섯 가지 행사를 어떤 방식으로, 무엇을 지키며 치러야 하는지 설명되어 있어요.

훈민정음
한글을 만든 세종 대왕이 쓴 책으로, 한글을 만든 이유와 만든 방법 그리고 한글이 어떻게 이루어져 있는지 등이 설명되어 있어요.

역사 속 설명문

여러분이 배워야 하는 내용이 담겨 있는 교과서도 일종의 설명문이라고 할 수 있어요. 그렇다면 옛날 학생들은 어떤 교과서로 배웠을까요?

역사 속 교과서

동몽선습

조선 시대에 서당에서 아이들을 가르칠 때 썼던 교과서예요. 생활 속에서 지켜야 하는 다섯 가지 기본 덕목인 오륜[1]을 설명하고 있어요.

사민필지

외국인 선교사 호머 헐버트가 쓴 세계의 지리와 문화에 대해 설명한 교과서예요. 우리나라 첫 한글 교과서이기도 해요.

한글 첫걸음

광복 이후 최초로 만들어진 국어 교과서예요. 한글 자음과 모음의 이름, 읽는 방법을 알려 주어 많은 사람들이 국어를 배우는 데 도움이 되었어요.

천자문

중국의 학자 주흥사가 지은 책이에요. 《천자문》은 조선 시대 사람들이 한자를 배우는 초급 교과서로 널리 사용되었어요.

---

1) 유교에서 사람이 지켜야 하는 다섯 가지의 도덕적인 관계를 말해요. 예를 들어 장유유서(어른과 아이 사이에는 차례와 질서가 있어야 한다), 붕우유신(벗 사이에는 믿음이 있어야 한다) 등이 있어요.

연습 글쓰기 1

설명문의 구조를 마인드맵으로 만들어 봐요.

글을 쓰기 전에 단어를 중심으로 '생각의 지도'인 마인드맵(Mind Map)을 만들어 봐요. 이렇게 지도를 그리듯이 정리하면 글을 쓸 때 좀 더 편할 거예요.

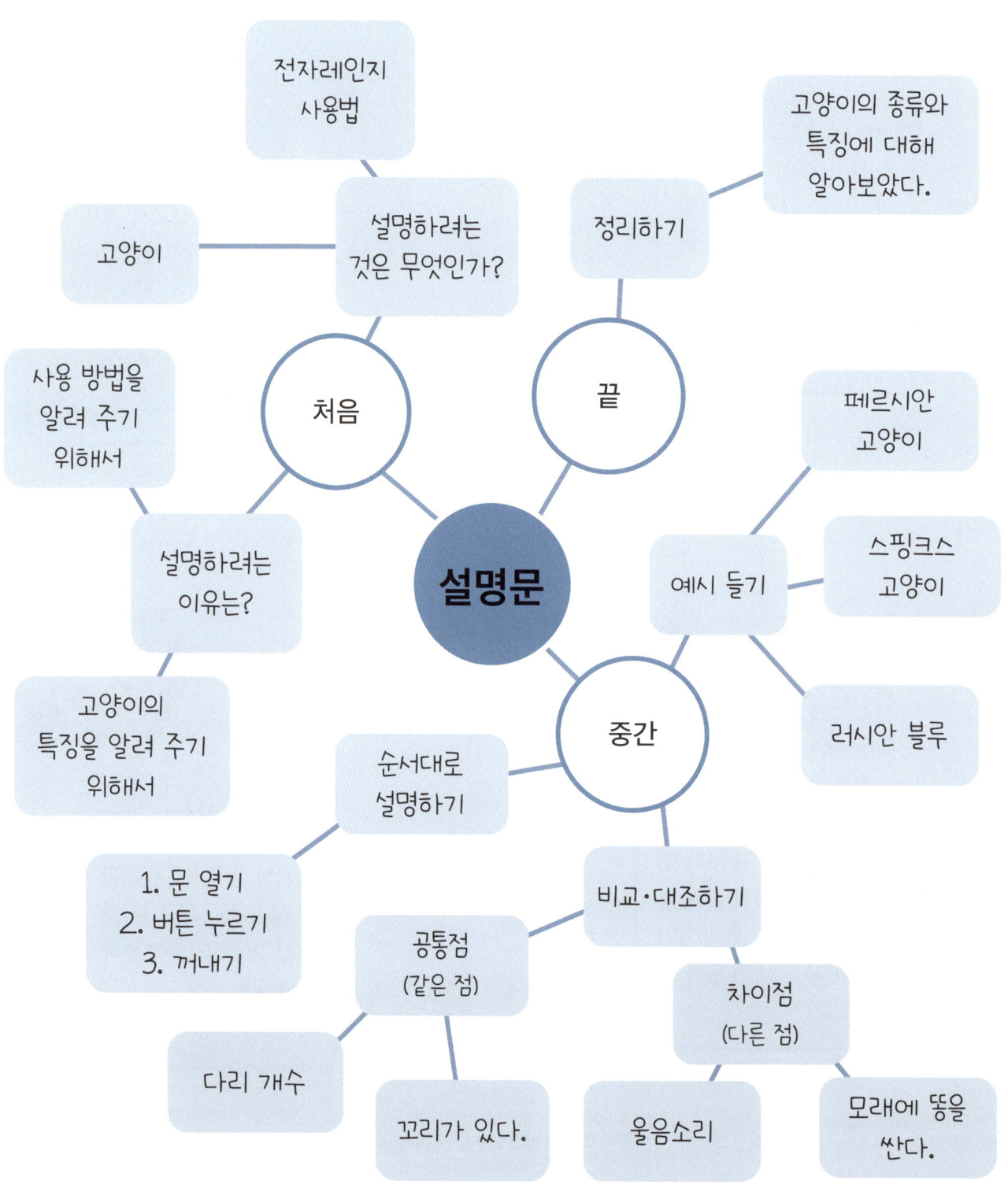

옆의 마인드맵을 참고해 자신의 마인드맵을 완성해 보세요.

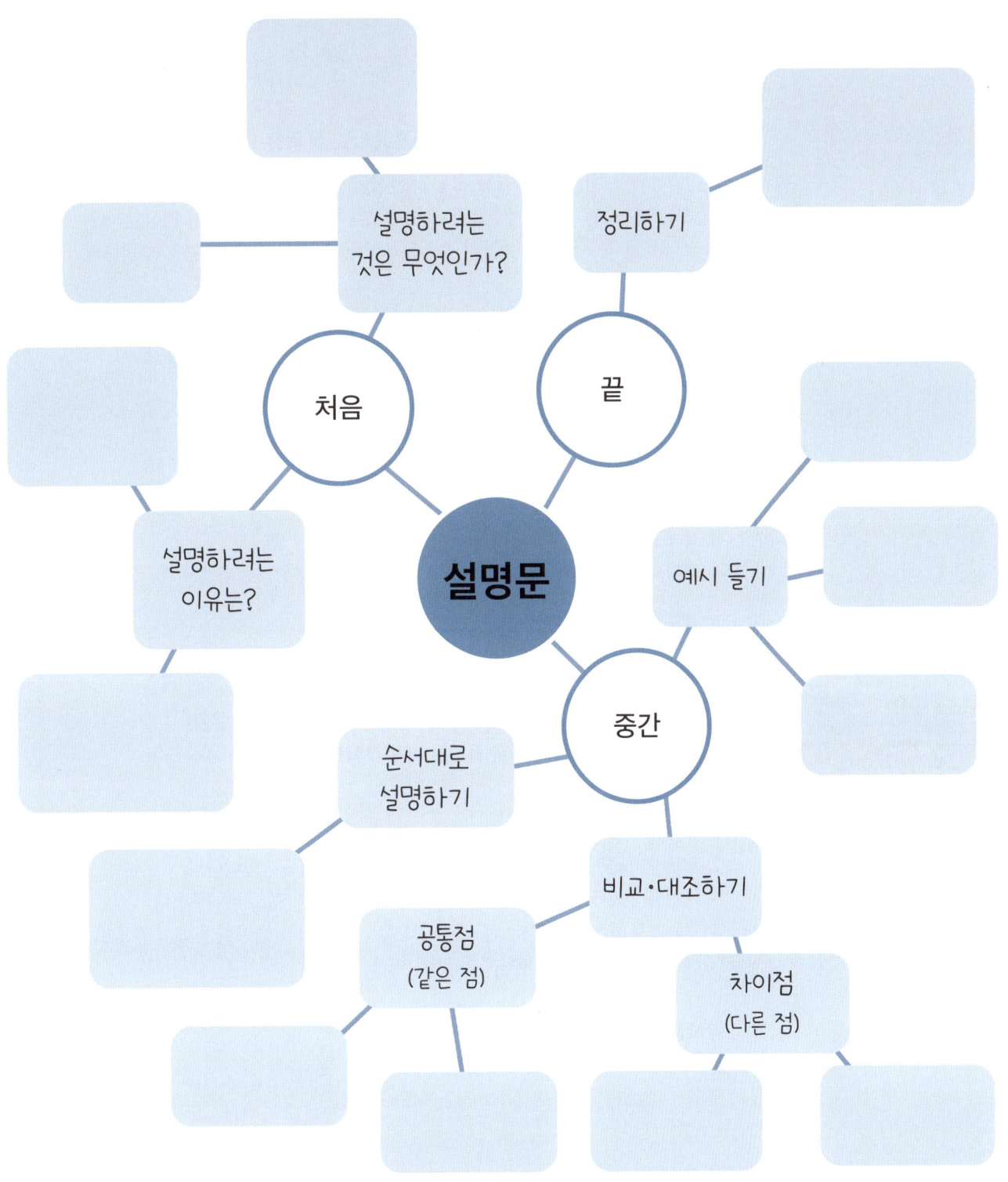

연습 글쓰기 2

학교 행사를 설명하는 설명문을 써 봐요.

다음 나언이의 학교 가정통신문을 보고 물음에 답해 보세요.

옥 선생님의 한 줄 더!
설명할 때 글 앞에 번호를 붙여 중요한 내용이나 단어를 나란히 줄지어 적는 방법을 '개조식 글쓰기'라고 해요.

◆20○○학년도 ○○초등학교 운동회 안내◆

안녕하세요. 항상 본교 교육 활동에 관심을 가져 주시는 학부모님께 감사드립니다. 다가오는 5월 1일(수요일)에 ○○초등학교 운동회가 열릴 예정입니다. 아래 내용을 참고하여 학생들이 즐거운 시간을 보낼 수 있도록 협조 부탁드리겠습니다.

▶ 날짜: 5월 1일(수요일)   ▶ 시간: 오전 9시~오후 3시
▶ 장소: ○○초등학교 운동장   ▶ 대상: 전교생 및 학부모

▶ 주요 프로그램
1. 개회식-대표 선수 선서 및 준비 운동
2. 달리기 경기-50m 달리기, 반 대항 이어달리기 등
3. 단체 놀이-줄다리기, 공 던지기, 판 뒤집기 등
4. 학부모 참가 경기-가족 릴레이, 부모님과 함께하는 줄넘기
5. 폐회식 및 시상식-우수 학생 및 팀 시상

▶ 준비물 및 주의 사항
1. 운동복 및 운동화 착용 필수(안전을 위해 슬리퍼 및 샌들 금지)
2. 모자 및 개인 물통 지참(햇빛을 피하고 충분한 수분 섭취를 위해)
3. 도시락 및 간식 개별 준비(학교에서 점심 식사가 제공되지 않음)
4. 응원 도구(단, 소음이 심한 물품은 자제 부탁드립니다)

▶ 학부모 협조 사항
1. 학생들이 안전하게 행사에 참여할 수 있도록 관심과 응원 부탁드립니다.
2. 학교 내 차량 진입이 어려우므로 대중교통 이용을 권장합니다.
3. 사진 및 동영상 촬영 시 다른 학생의 초상권 보호에 협조 부탁드립니다.
4. 운동회를 통해 학생들이 건강한 신체 활동을 즐기고 협동심을 배울 수 있도록 많은 응원과 관심 부탁드립니다.

감사합니다.

문의: ○○초등학교 교무실(☎ 012-345-6789)

1 가정통신문이 설명하고 있는 내용은 무엇인가요?

_____

2 가정통신문에서 설명하지 않은 것을 고르세요.

① 운동회 날짜가 언제인지
② 궁금한 점은 어디로 연락해야 하는지
③ 학년별로 어떤 종목에 참여하는지

3 가정통신문의 내용으로 올바른 것을 고르세요.

① 학생들과 부모님이 함께하는 경기가 있다.
② 학교에서 점심 식사를 제공한다.
③ 사진과 동영상 촬영은 마음껏 해도 된다.

4 가정통신문에 추가되면 좋을 내용을 생각해 써 보세요.

_____

실전 글쓰기 1

대상을 설명하는 설명문을 써 봐요.

다음 혜선이의 설명문을 보고 물음에 답해 보세요.

 **옥 선생님의 한 줄 더!**

과학적인 내용은 글쓴이의 생각이나 느낌이 들어가지 않아 설명문으로 쓰기 좋아요.

채소의 다양한 종류

밭에서 기르는 농작물을 채소라고 해요. 사람들은 다양한 채소를 먹어요. 채소는 어느 부분을 먹는지에 따라 종류를 나눌 수 있어요.

줄기를 먹는 채소를 줄기채소라고 해요. 줄기채소는 줄기에 많은 영양분을 갖고 있어요. 줄기채소에는 샐러리, 대파, 죽순 등이 있어요.

뿌리를 먹는 채소를 뿌리채소라고 해요. 뿌리채소는 뿌리에 많은 영양분을 갖고 있어요. 뿌리채소에는 당근, 무, 고구마 등이 있어요.

잎을 먹는 채소는 잎채소라고 해요. 잎채소에는 상추, 배추, 시금치 등이 있어요. 내 동생은 시금치를 싫어해서 비빔밥을 시키면 시금치만 골라내고 먹어요.

이처럼 채소는 어떤 부분을 먹는지에 따라 줄기채소, 뿌리채소, 잎채소로 나뉠 수 있어요. 어떤 채소를 먹는지에 따라 영양소도 다양하게 섭취할 수 있어요.

---

1 혜선이는 채소의 종류를 어떻게 설명했나요?

① 채소와 생선의 특징을 서로 비교하며 설명했다.
② 채소를 여러 종류로 나누어 예를 들어 설명했다.
③ 채소가 자라는 순서에 따라 차례대로 설명했다.

2 혜선이의 설명문에서 필요하지 않은 부분에 밑줄을 그어 보세요.

동물에 대해 설명하는 설명문을 써 보세요.

(   )

스스로 양분을 만드는 식물과 달리 다른 생물을 먹어서 양분을 얻는 생물을 동물이라고 해요. 동물은 그 특징에 따라 포유류, 조류, 어류 등으로 구분할 수 있어요.

옥 선생님의 한 줄 더!

어떤 대상을 설명할 때 예시를 들어 주면 읽는 사람의 이해를 도울 수 있어요.
책이나 인터넷에서 정확하게 조사해 사실인 내용만 설명문에 적어야 해요.

실전 글쓰기 2

방법을 알려 주는 설명문을 써 봐요.

다음 예준이의 사용 방법 설명문을 보고 물음에 답해 보세요.

설명문을 읽는 사람이 누구인지 생각하면서 어떤 단어를 쓸지 고민해 보세요.

소화기 사용 방법

화재가 발생했을 때는 소화기를 올바르게 사용하는 것이 매우 중요해요. 소화기는 불을 빠르게 진압할 수 있는 도구예요. 소화기를 사용하는 방법을 순서대로 알아볼까요?

가장 먼저 소화기의 위치를 확인하고 소화기를 불이 난 곳으로 가져가요. 그런 다음 소화기의 안전핀을 뽑아요. 안전핀을 뽑은 뒤 소화기의 노즐을 불이 난 곳을 향해 조준해요. 이때는 반드시 바람을 등지고 서야 해요. 다음으로 손잡이를 힘껏 눌러 소화기 노즐을 빗자루로 쓸 듯 뿌려요. 마지막으로 불이 제대로 꺼졌는지 확인해요.

불이 났을 때는 최대한 빨리 불을 끄는 것이 중요해요. 소화기 사용하는 방법을 잘 기억하고 있다가 불이 났을 때 빠르게 대처하도록 해요.

1 예준이의 설명문을 보고 소화기 사용 방법을 순서대로 써 보세요.

1) _____

2) _____

3) _____

4) _____

5) _____

<보기>를 참고해서 손 씻는 방법을 알려 주는 설명문을 써 보세요.

보기

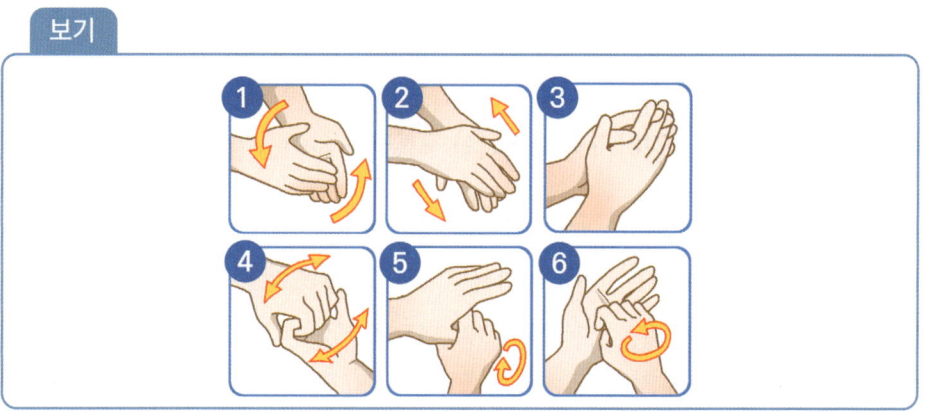

 옥 선생님의 한 줄 더!

처음 보는 사람도 이 글을 이해할 수 있을지 생각하면서 꼼꼼하게 써 보세요. 이해하기 어려운 단어는 쉽게 풀어 쓰거나 더 자세하게 설명하면 좋아요.

실전 글쓰기 3

비교와 대조를 사용해 설명문을 써 봐요.

다음 주연이의 설명문을 보고 물음에 답해 보세요.

 옥 선생님의 한 줄 더!

공통점을 쓸 때는 '둘 다', '모두', '공통적으로'와 같은 말을, 차이점을 쓸 때는 '그러나', '하지만'과 같은 표현을 쓸 수 있어요.

강아지와 고양이의 공통점과 차이점

강아지와 고양이는 모두 인간에게 사랑받는 대표적인 반려동물이에요. 강아지와 고양이는 비슷하면서도 다른 특징을 갖고 있어요. 강아지와 고양이는 어떤 공통점과 차이점이 있을까요?

강아지와 고양이의 공통점은 첫째, 새끼를 낳아 젖을 먹이는 포유류라는 점이에요. 둘째, 네 개의 다리와 하나의 꼬리를 갖고 있어요. 마지막으로 강아지와 고양이 모두 다양한 품종이 있어요.

하지만 강아지와 고양이 사이에는 차이점도 있어요. 먼저 강아지는 밖에서 산책하는 것을 좋아하지만 고양이는 집 밖으로 나가는 것을 싫어해요. 그리고 강아지는 스스로 털 관리를 하지 않아 자주 씻겨 줘야 하지만 고양이는 스스로 털을 다듬는 그루밍을 하기 때문에 냄새가 나지 않아요. 또 강아지는 정해진 곳에 배변을 하도록 훈련을 시켜야 하지만 고양이는 모래 위에 배변을 하고 모래로 똥이나 오줌을 덮어요.

이렇게 강아지와 고양이는 많은 공통점과 차이점이 있어요. 반려동물을 키우고 싶다면 둘의 특징을 잘 살펴보고 나에게 맞는 것을 선택해야 해요.

1 강아지와 고양이의 공통점과 차이점을 아래의 표에 정리해 보세요.

차이점	공통점	차이점
1)	1)	1)
2)	2)	2)
3)	3)	3)

두 대상을 정해 아래의 표를 완성하고 설명문을 써 보세요.

( )
( )　　　　　　　　　　　　　　　( )

차이점	공통점	차이점
1)	1)	1)
2)	2)	2)
3)	3)	3)

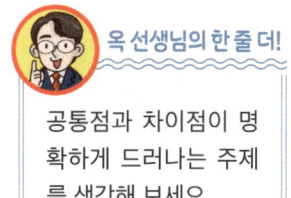

공통점과 차이점이 명확하게 드러나는 주제를 생각해 보세요.

<광고문 관련> 사자성어·고사성어

'동가홍상(同價紅裳)'은
같은 값이면 다홍치마라는 뜻으로,
가격이 같으면 더 좋은 물건을
가지려 한다는 고사성어야.

<광고문 관련> 속담·관용어

'눈길을 모으다'는
여러 사람의 관심을
집중시킨다는 관용어야.

광고문

내용을 알려 다른 사람의 관심을 끄는 글

"학교 나눔 장터에서 물건을 많이 팔고 싶어요."
"우리가 준비한 캠페인을 사람들에게 알리고 싶어요."

광고문은 상품이나 행사 등을 많은 사람들에게 알리고, 관심을 갖게 하는 글이에요. 여러분도 길거리나 인터넷에서 광고문을 본 적이 있을 거예요. 다른 사람의 관심을 끄는 광고문, 같이 살펴볼까요?

광고문의 설명과 특징

상품과 행사를 널리 알려요.

1. 광고문이란 무엇일까요?

광고문은 한자로 넓을 광(廣), 알릴 고(告), 글월 문(文)입니다. 즉 어떤 대상을 널리 알린다는 뜻이에요. 사람들에게 상품이나 서비스를 알리거나 행사를 알릴 때 광고문을 써요. 광고문은 읽는 사람이 곧바로 관심을 가질 수 있도록 짧고 **인상**적으로 써야 해요.

광고문은 한 번만 보고도 기억에 남도록 기발하게 쓰는 것이 좋아요. 또 많은 사람이 읽게 하고, 광고를 본 사람이 물건을 사거나 행사에 참여하도록 만든 것이 잘 쓴 광고문이에요.

문해력 단어 짚고 가기

인상(印象)
어떤 대상을 보았을 때 마음속에 새겨지는 느낌을 말해요.

옥 선생님의 한 줄 더!

광고문을 쓸 때는 내용을 길고 어렵게 쓰기보다는 간단하고 재치 있는 표현으로 사람들의 기억에 남게 해야 해요.

확인하기 1

다음 중 광고문에 대해 가장 잘 표현한 쪽지는 무엇인지 찾아서 ○ 표시해 보세요.

가 광고문은 사람들에게 무언가를 알리기 위한 글이야.

나 광고문에는 과장된 거짓말을 써도 돼.

다 광고문은 최대한 자세하게 많은 내용을 적는 글이야.

라 광고문은 최대한 어려운 말로 써야 해.

2. 광고문에는 어떤 형식이 있을까요?

광고문에는 정해진 형식이나 순서가 없어요. 하지만 보통 <u>홍보</u>하려는 대상의 이름과 특징 그리고 사람들의 관심을 끌기 위한 문구, 사람들의 행동을 <u>유도</u>하려는 내용이 들어가요. 광고 대상은 사람들에게 알릴 상품이나 행사의 이름이에요. 알리려는 대상의 특징은 상품이나 행사에 대해 사람들이 알아야 하는 정보예요. 광고 문구는 사람들의 머릿속에 남도록 써야 해요. 사람들의 행동을 <u>유도</u>하는 내용에는 광고문의 목적이 들어가요.

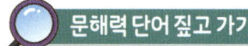

문해력 단어 짚고 가기

홍보(弘報)
널리 알리려는 것을 말해요.

유도(誘導)
사람이나 물건을 어떤 장소나 방향으로 이끄는 것을 말해요.

선민이의 광고문을 통해 자세히 살펴볼까요?

신나는 주말을 만들어 줄 〈어린이 나눔 장터〉 — 알리려는 대상의 이름

똑똑한 소비자가 되고 싶다면 우리와 함께해요.
물건을 사고 나누는 특별한 하루! — 사람들의 관심을 끌기 위한 문구

-장난감, 책, 문구류, 옷 등 다양한 물건이 한가득
-착한 가격으로 사고팔며 환경도 지키는 똑똑한 소비
언제: 이번 주 토요일
어디서: ○○초등학교 운동장
어떻게: 나눌 물건과 돈을 챙겨 오세요 — 알리려는 대상의 특징

선착순 100분께 시원한 음료수도 드려요 — 사람들의 관심을 끌기 위한 문구
이번 주 토요일, 우리와 함께해요! — 사람들의 행동을 유도하는 내용

확인하기 2

다음 중 광고문의 내용이 어느 부분에 해당하는지 알맞게 연결해 보세요.

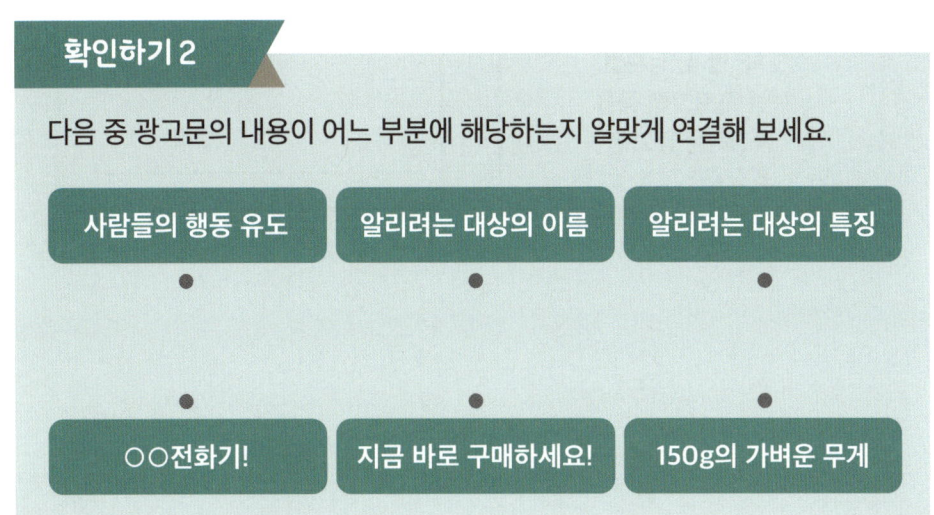

3. 광고문은 어떻게 써야 하나요?

광고문은 사람들의 관심을 끌 수 있어야 해요. 그래서 길게 쓰기보다는 핵심적인 단어나 짧은 문장을 사용해서 핵심만 전달해야 하죠. 중요한 단어의 크기를 키우거나 색깔을 다르게 넣어 보세요. 상품이나 행사와 관련 있는 그림이나 사진을 넣어도 좋아요. 하지만 사실이 아닌 내용을 쓰거나 실제보다 내용을 부풀려 쓰면 안 돼요.

옥 선생님의 한 줄 더!

광고문은 문장이 길면 효과가 떨어져요. 간결한 문장으로 꼭 전달해야 할 핵심만 전달해야 해요.

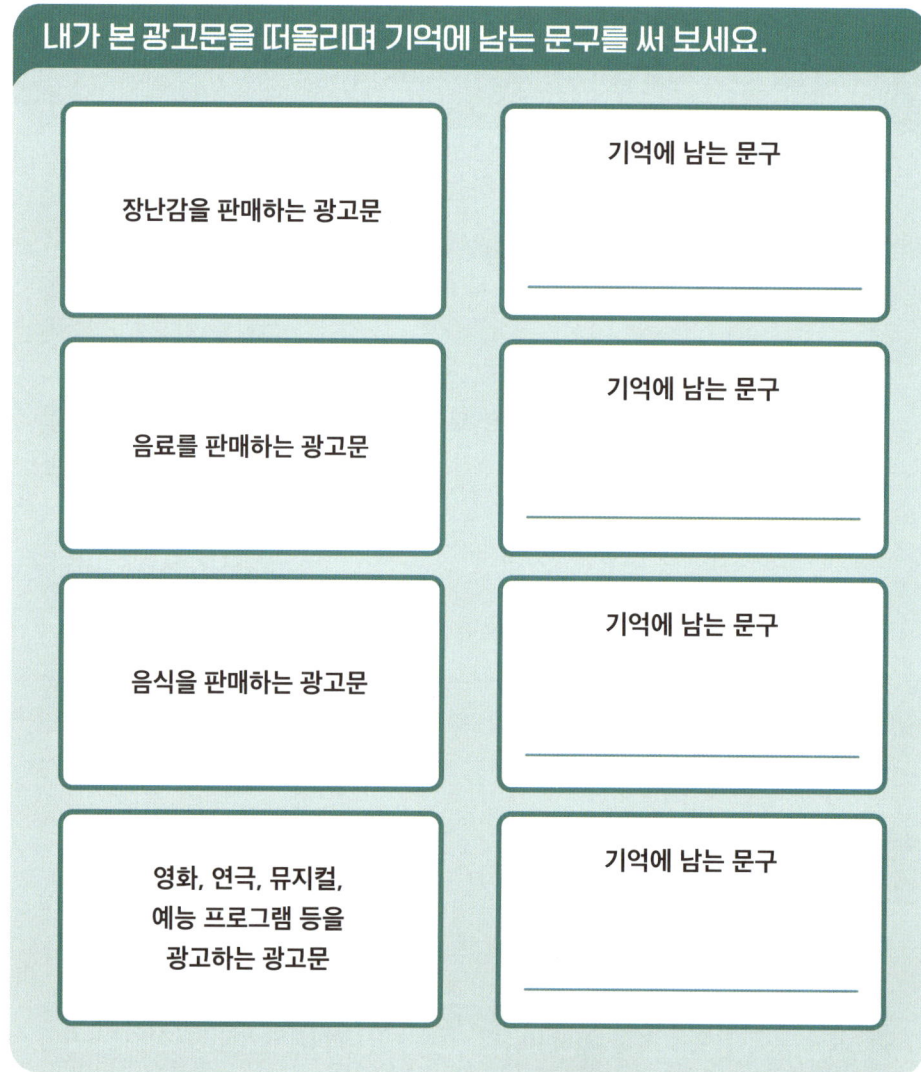

내가 본 광고문을 떠올리며 기억에 남는 문구를 써 보세요.

장난감을 판매하는 광고문	기억에 남는 문구
음료를 판매하는 광고문	기억에 남는 문구
음식을 판매하는 광고문	기억에 남는 문구
영화, 연극, 뮤지컬, 예능 프로그램 등을 광고하는 광고문	기억에 남는 문구

4. 광고문에는 어떤 종류가 있나요?

광고문은 광고하고자 하는 대상에 따라 여러 종류가 있답니다. 상품이나 서비스를 팔기 위한 광고문, 행사에 참여하도록 유도하는 광고문, 새로 **시행**하는 법과 **제도**를 알리는 광고문, 사회적으로 중요한 메시지를 전달하는 **공익** 광고문 등이 있죠.

문해력 단어 짚고 가기

시행(施行)
실제로 행동하거나 시작하는 것을 말해요.

제도(制度)
도덕, 법 등 규범이나 사회의 법칙을 말해요.

공익(公益)
사회 전체의 이익을 말해요.

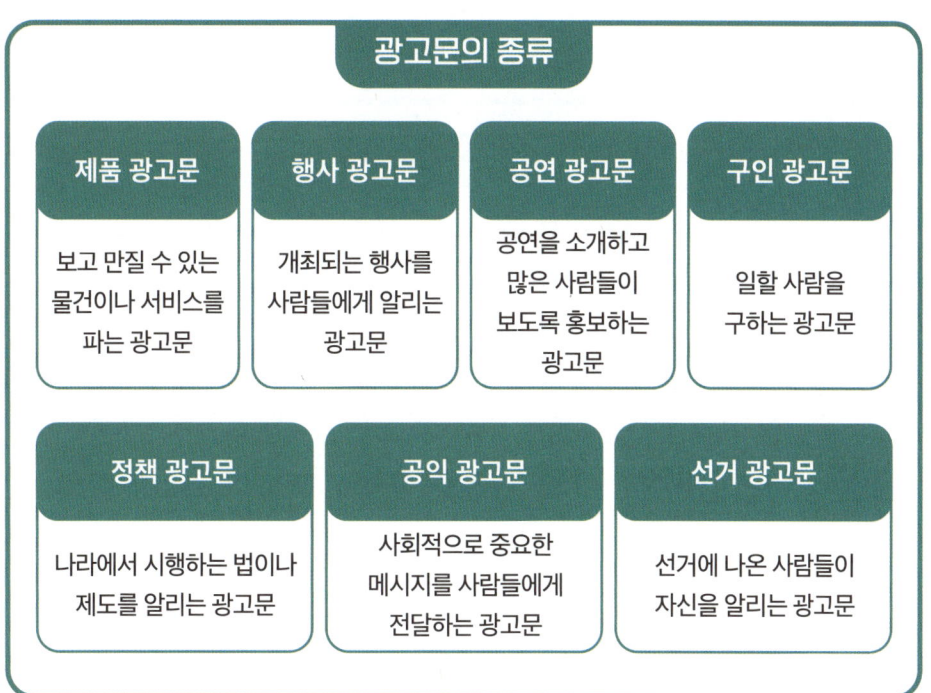

광고문의 종류

제품 광고문
보고 만질 수 있는 물건이나 서비스를 파는 광고문

행사 광고문
개최되는 행사를 사람들에게 알리는 광고문

공연 광고문
공연을 소개하고 많은 사람들이 보도록 홍보하는 광고문

구인 광고문
일할 사람을 구하는 광고문

정책 광고문
나라에서 시행하는 법이나 제도를 알리는 광고문

공익 광고문
사회적으로 중요한 메시지를 사람들에게 전달하는 광고문

선거 광고문
선거에 나온 사람들이 자신을 알리는 광고문

확인하기 3

광고문의 종류로 알맞은 것을 <보기>에서 찾아 써 보세요.

<보기>　제품 광고문　선거 광고문　행사 광고문　공익 광고문

가
친구의 생일에 특별한 꽃다발을 선물하세요.

나
시민 체육 대회에 많은 분들의 참여를 부탁드립니다.

다
기호 ○번 ○○○ 꼭 뽑아 주세요!

라
더 이상 북극곰이 고통받지 않게 해 주세요.

광고문의 종류에 대해 더 자세히 알아봐요.

제품 광고문 쓰는 법
기업에서 특정 제품을 홍보하고 판매하기 위해 쓰는 광고문이에요. 제품의 특징과 장점을 강조해서 사람들이 물건을 사고 싶도록 써야 해요. 제품의 가격, 품질, 장점 등을 쓰면 좋아요.

행사 광고문 쓰는 법
체육 대회, 나눔 장터, 캠프 같은 행사를 알리고 사람들이 참여하도록 만드는 광고문이에요. 행사의 날짜, 장소, 시간, 주요 내용 등을 정확하게 써야 해요. 사람들이 행사에 참여하도록 흥미로운 내용이나 순서를 강조하면 좋아요.

공연 광고문 쓰는 법
영화, 연극, 뮤지컬 등을 홍보해서 많은 사람들이 보게 만드는 광고문이에요. 공연에 출연하는 사람을 소개하고, 작품 속 흥미로운 내용 등을 강렬하게 표현해 관객의 관심을 끌어야 해요.

구인 광고문 쓰는 법
회사, 가게 등에서 일할 사람을 구하는 광고문이에요. 어떤 일을 하는지, 일하기 위해 필요한 자격은 무엇인지, 언제 일하고 얼마를 받는지 등 정확한 정보가 있어야 해요. 광고를 본 사람이 연락할 수 있는 연락처도 반드시 써야 해요.

정책 광고문 쓰는 법
정부, 시청, 구청 등에서 시행하는 정책을 알리는 광고문이에요. 사람들이 내용을 쉽게 이해할 수 있도록 정책이 만들어진 이유와 사람들에게 어떤 도움을 주는지에 대해 써야 해요.

공익 광고문 쓰는 법
환경 보호, 교통안전 등 사회적으로 중요한 메시지를 전달하는 광고문이에요. 사람들에게 감동을 주거나 심각성을 깨닫게 할 수 있는 문장을 써야 해요. 사람들이 직접 실천할 수 있는 방법을 함께 알려 주는 것도 중요해요.

선거 광고문 쓰는 법
대통령, 국회 의원 등에 입후보한 후보자들을 알리는 광고문이에요. 후보의 이름, 후보의 공약, 후보의 장점 등 국민들에게 각종 정보를 알려 주어야 해요.

5. 다양한 광고문

　기업들은 다양한 아이디어와 기술로 좋은 제품과 서비스를 만들어 내고 있어요. 하지만 아무리 좋은 제품을 만들어도 사람들이 모른다면 팔리지 않겠죠? 그래서 사람들의 기억에 남을 광고를 만드는 데 많은 노력을 들여요. 사람들의 기억에 아직까지도 남아 있는 유명한 광고문 속 문장으로는 어떤 것들이 있을까요?

Think different

어려움에 처한 애플을 구한 광고 문구로, 혁신적이고 창의적인 애플의 특징을 잘 나타낸 문장이에요.

오늘은 내가 짜파게티 요리사

농심의 짜장 라면 광고 문구로, 일요일은 온 가족이 모여 짜파게티를 먹는 날이라는 인식을 심어 주었어요. 1984년부터 쓰기 시작해 지금도 쓰는 광고 문구예요.

다양한 광고문

침대 = 과학

침대는 가구가 아닙니다. 침대는 과학입니다.

가구 업체인 에이스침대의 광고 문구예요. 사람들에게 잠과 침대에 대한 새로운 인식을 심어 준 성공적인 광고 문구로 꼽혀요.

Just do it

스포츠 의류, 신발 등을 만드는 나이키가 광고에서 사용한 문구예요. 짧은 문장이지만 운동과 도전 정신을 상징하고 있어 나이키 하면 사람들이 바로 떠올리곤 해요.

제품을 팔기 위해서가 아니라 더 나은 지구의 환경, 더 나은 사회를 만들기 위해 사람들에게 행동을 바꾸도록 유도하는 광고를 공익 광고라고 해요. 우리나라의 '공익광고협의회'는 더 좋은 세상을 위한 공익 광고를 만들고 있어요.

중형차 100만 대를 버리는 것과 같습니다.

음식물 쓰레기 처리 비용을 중형차를 처리하는 비용에 빗대어 표현한 광고로, 음식물 쓰레기 문제를 알리기 위해 만든 공익 광고예요.

담지 말고, 담으세요.

비닐 봉투가 아니라 장바구니를 사용해 환경을 보호하자는 뜻의 공익 광고예요. 환경을 지키기 위해 우리가 실천할 수 있는 일을 공익 광고로 만들었어요.

우리나라의 공익 광고

대한민국을 지키는 히어로는 바로 여러분입니다.

코로나 19로 힘들었을 때 모두의 노력으로 이겨 낼 수 있다는 의미를 담아 만든 공익 광고 문구예요.

폭력은 장난이 아닙니다. 범죄입니다.

폭력의 심각성을 알리고, 폭력을 예방하기 위해 만든 공익 광고예요.

연습 글쓰기 1

광고문의 구조를 마인드맵으로 만들어 봐요.

글을 쓰기 전에 단어를 중심으로 '생각의 지도'인 마인드맵(Mind Map)을 만들어 봐요. 이렇게 지도를 그리듯이 정리하면 글을 쓸 때 좀 더 편할 거예요.

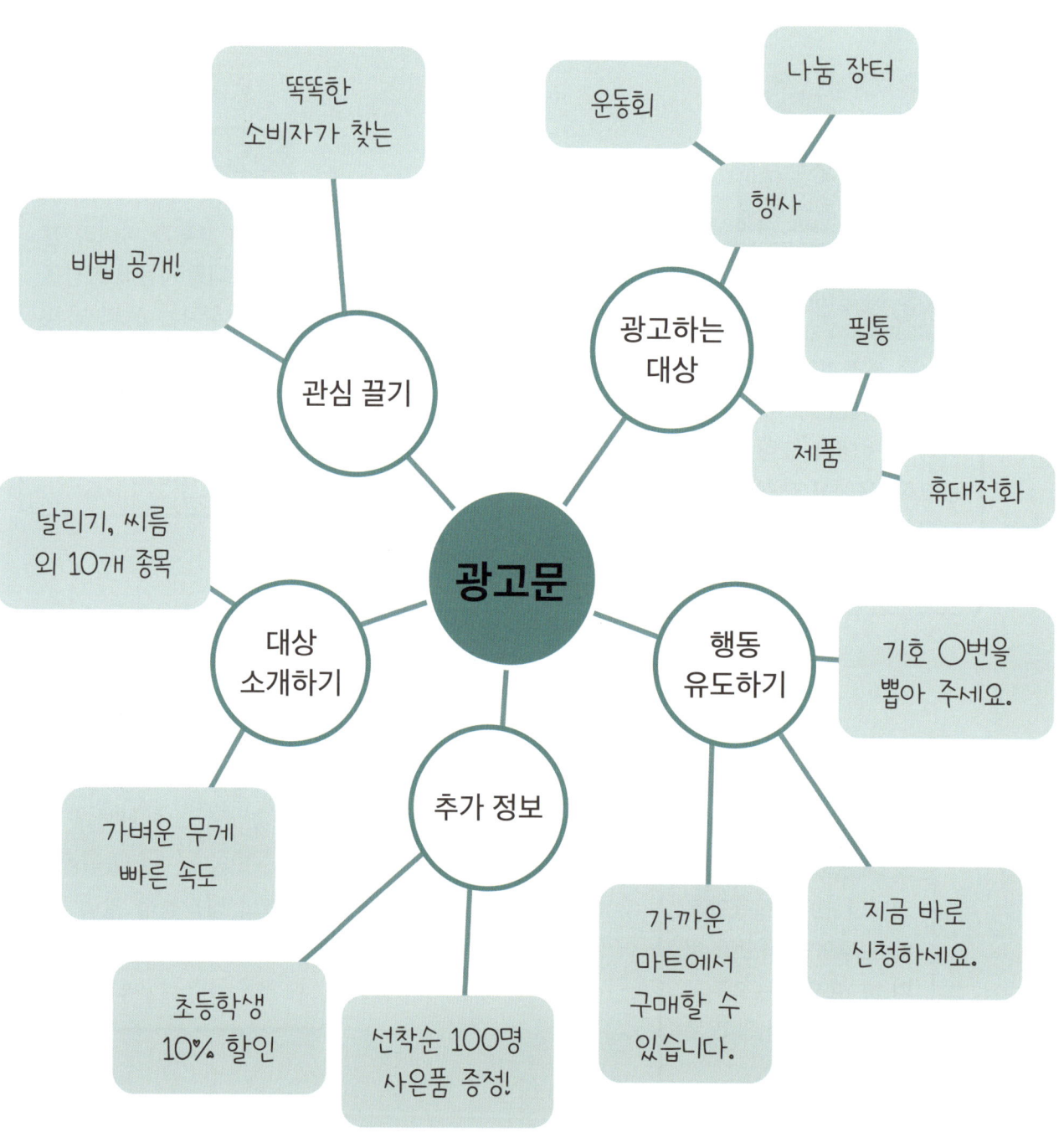

옆의 마인드맵을 참고해 자신의 마인드맵을 완성해 보세요.

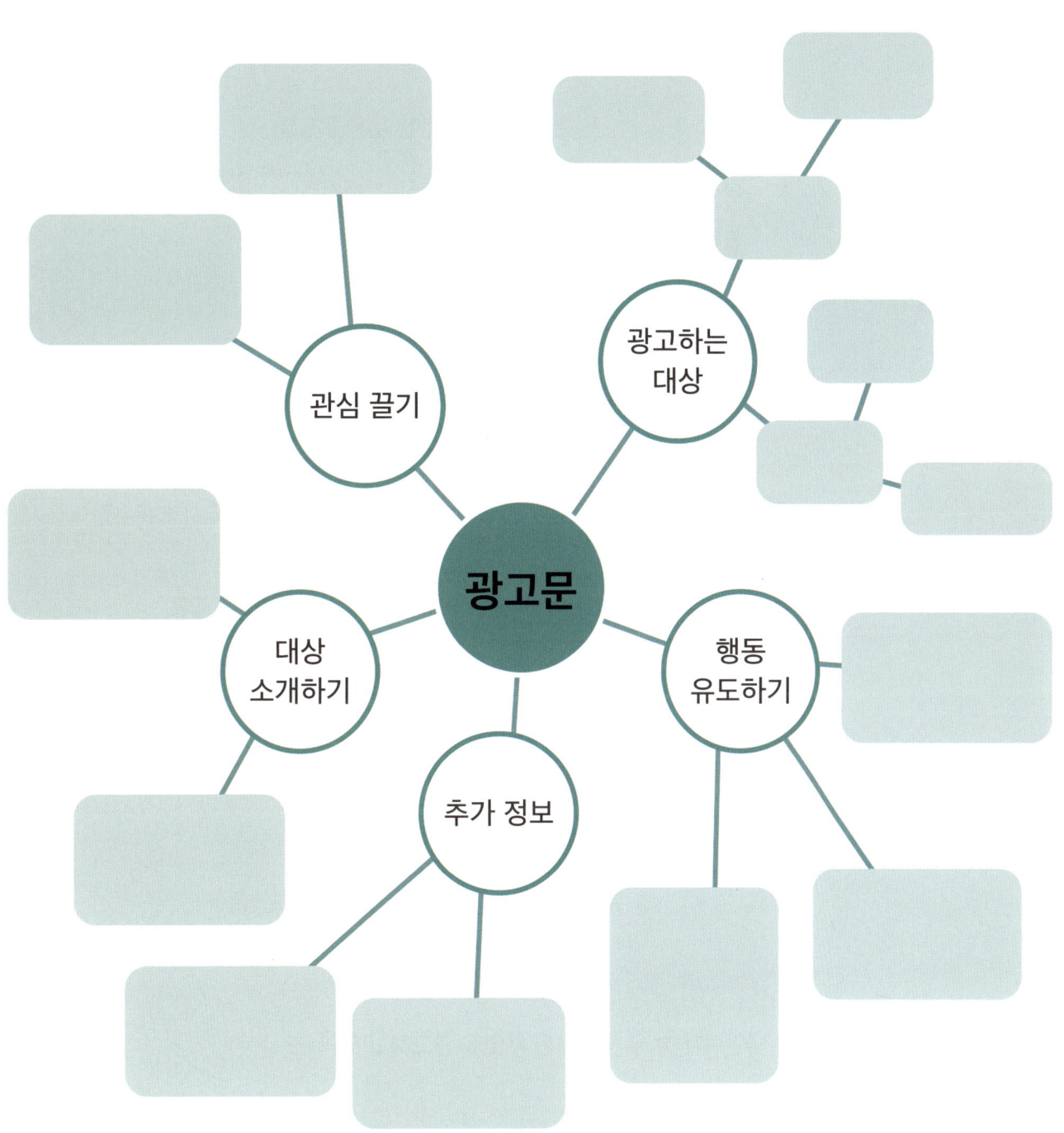

연습 글쓰기 2

제품을 판매하는 광고문을 써 봐요.

다음 나언이가 본 두 광고문을 보고 물음에 답해 보세요.

 **옥 선생님의 한 줄 더!**
광고를 보는 사람의 입장에서 글을 써 보세요. '내가 이 광고를 본다면 내용에 관심이 갈까?'를 생각하면서 글을 쓰면 좋아요.

튼튼하고 오래가는 무지개 필통

넉넉한 필통-연필, 지우개, 자까지 한 번에 정리!
튼튼한 필통-실험을 통해 증명된 튼튼함!
조용한 필통-천으로 만들어져 부딪히는 소리가 나지 않아요.
부드러운 필통-지퍼가 부드럽게 열고 닫혀요.

가격: 9,900원
지금 문구점에서 만나 보세요.

무지개 문구점

천재가 되는 마법 필통! 100점을 책임지는 100점 필통

100점 필통과 함께 공부하면 공부한 내용을 절대 까먹지 않아요.
100점 필통에 필기구를 보관하면 절대 잃어버리지 않아요.
100점 필통으로 공부하면 부자가 될 수 있어요.

가격 9,900원
자금 문구점&온라인 스토어에서 구매 가능!

---

1 나언이가 본 두 광고문은 무엇을 광고하고 있나요?

2 나언이가 본 광고문을 보고 알 수 있는 내용을 찾아 써 보세요.

1) 얼마인가요?

　　무지개 필통: _____

　　100점 필통: _____

2) 어떤 특징이 있나요?

　　무지개 필통: _____

　　　　　　　　_____

　　100점 필통: _____

　　　　　　　　_____

3) 어디서 살 수 있나요?

　　무지개 필통: _____

　　100점 필통: _____

3 만약 여러분이 나언이라면 어떤 필통을 살 것 같은지 생각해 보세요.

_____
_____
_____
_____

실전 글쓰기 1

반장 선거에 사용할 광고문을 써 봐요.

다음 예준이의 선거 광고문을 보고 물음에 답해 보세요.

옥 선생님의 한 줄 더!

반복되는 문구를 사용해 사람들의 기억에 오래 남게 만들 수 있어요. 광고문에서는 글꼴도 중요해요. 사람들의 눈에 띌 수 있는 글꼴의 모양, 크기, 색상을 잘 선택해 보세요.

바뀌면, 다릅니다!

남다른 후보 기호 1번

최예준을 뽑아 주세요!

공약 1. 쉬는 시간, 바뀌면 다릅니다!

친구들이 원하는 보드게임, 체육 기구를 마련하겠습니다.

공약 2. 점심시간, 바뀌면 다릅니다!

급식 메뉴를 조사해 우리 반이 원하는 메뉴가 나오도록 하겠습니다.

공약 3. 우리 반, 바뀌면 다릅니다!

생일 파티, 마니또, 칭찬 릴레이로 더 즐거운 분위기를 만들겠습니다.

반장이 바뀌면 모든 것이 달라집니다!

기호 1번 **최예준**을 뽑아 주세요!

1 예준이의 광고문에서 반복해서 나오는 문구를 써 보세요.

_____

2 예준이의 광고문에서 실제로 지켜지기 어려울 것 같은 공약은 무엇인가요?

① 공약 1. 쉬는 시간, 바뀌면 다릅니다!
② 공약 2. 점심시간, 바뀌면 다릅니다!
③ 공약 3. 우리 반, 바뀌면 다릅니다!

여러분이 반장 선거에 나간다고 생각하고 광고문을 써 보세요.

 옥 선생님의 한 줄 더!

공약은 한눈에 이해할 수 있도록 중요한 내용만 써야 해요.
선거를 위한 광고문을 만들 때는 지킬 수 있는 공약만 넣어야 해요. 그리고 다른 후보를 깎아내리는 표현보다 내가 잘할 수 있는 내용을 쓰는 것이 좋아요.

실전 글쓰기 2

정해진 분량에 맞춰 광고문을 써 봐요.

다음 혜선이의 공익 광고문을 보고 물음에 답해 보세요.

옥 선생님의 한 줄 더!

광고문은 정해진 공간 안에 글자가 다 들어가야 하기 때문에 공간에 맞는 글자 수를 확인하고 써야 해요.

온라인 예절을 지킵시다.

100글자

  채팅방에서도 예절은 기본입니다. 상대방을 배려하는 말하기, 친구를 존중하는 말하기, 친구의 기분을 생각하는 말하기, 바른 말과 고운 말 사용하기. 이것들이 모여 큰 변화를 만듭니다. 우리 함께 올바른 인터넷 문화를 만들어요.

30글자

  채팅방에서도 바른 말, 예의 있는 대화, 친구를 배려하는 채팅 습관을 가져요.

20글자

  채팅방에서도 존중과 배려는 모두에게 필수예요.

(*글자 수에 띄어쓰기는 포함되지 않아요.)

---

1 혜선이의 광고문을 보고 10글자 광고 문구를 만들어 보세요.

84

사람들에게 일회용품 사용을 줄여야 한다고 알리는 광고문을 써 보세요.

일회용품을 줄이자.

100글자

30글자

20글자

(*글자 수에 띄어쓰기는 포함되지 않아요.)

옥 선생님의 한 줄 더!

글자 수를 줄인다고 해서 중요한 것을 빼는 것은 좋지 않아요. 중요한 부분이 어디인지 생각해 보고, 전하고자 하는 내용이 잘 드러나도록 글자 수를 줄여 보세요.

실전 글쓰기 3

내가 만든 제품을 판매하는 광고문을 써 봐요.

다음 주연이의 제품 광고문을 보고 물음에 답해 보세요.

옥 선생님의 한 줄 더!

판매하는 제품만이 가지고 있는 특징을 잘 드러나게 써야 해요. 다른 제품과 비교해서 어떤 부분이 다른지를 강조해 보세요.

든든하고 맛있는 한입!
정성 가득한 참치 주먹밥!

사장님이 직접 만들어 정성 가득
담백한 참치와 갓 지은 쌀밥, 고소한 김의 완벽한 조합
한입에 쏙! 입에 묻지 않아 깔끔한 주먹밥
방부제 NO! 맛과 건강을 모두 챙긴 주먹밥

1개 단돈 1,500원! 2개 사면 2,500원!
선착순 10명에게 수제 레모네이드 증정

한정 수량 30개!
다 팔리기 전에 맛보세요.

〈주연 주먹밥〉

1 주연이의 광고문에 어울리는 그림을 그려 광고문을 완성해 보세요.

내가 직접 만든 음식을 판매한다고 생각하고 광고문을 써 보세요.

 **옥 선생님의 한 줄 더!**

가격, 할인율, 판매하는 개수 등 숫자를 잘 활용하면 눈에 띄는 광고를 만들 수 있어요.

<계획문 관련> 사자성어·고사성어

'유비무환(有備無患)'은 미리 준비가 되어 있으면 걱정할 일이 없다는 사자성어야.

<계획문 관련> 속담·관용어

'천 리 길도 한 걸음부터'는 크고 어려운 일도 처음부터 차근차근 시작하는 것이 중요하다는 속담이야.

일이나 목표를 이루기 위한 글

계획문

"어떻게 하면 방학을 알차게 보낼 수 있을까요?"
"시험이 코앞인데 어디서부터 공부해야 할까요?"

계획문은 하고 싶은 일이나 목표를 이루기 위해 무엇을, 어떻게 할지 정리하는 글이에요. 계획문을 쓰면 해야 할 일을 끝까지 하는 데 큰 도움이 된답니다. 나를 부지런하게 하는 계획문, 같이 살펴볼까요?

계획문의 설명과 특징

차근차근 목표를 향해 나아가요.

1. 계획문이란 무엇일까요?

계획문은 한자로 헤아릴 계(計), 그을 획(劃), 글월 문(文)입니다. 즉 어떤 일을 헤아려 할 일을 정하고 순서와 방법을 적는다는 뜻이에요. **목표**를 정하고 목표를 이루기 위해 해야 할 것들을 차례대로 적어 나가죠. 그래서 계획문은 자신이 지켜야 하는 일들을 알아보기 쉽게 써야 해요.

계획문은 다른 사람에게 보여 주기 위한 글이 아니라 내가 적은 내용을 보고 스스로 지키기 위해 쓰는 글이에요. 해야 할 일을 스스로 정리하고, 실제로 행동하도록 만드는 글인 만큼 자신이 쓴 대로 하는 것이 중요하답니다.

문해력 단어 짚고 가기

계획(計劃)
앞으로 할 일의 방법 등을 미리 정하는 것을 말해요.

목표(目標)
도달하고자 하는 대상을 말해요.

옥 선생님의 한 줄 더!

계획을 너무 어렵게 세우면 지키기 힘들고, 금방 포기할 수도 있어요. 그러니 지킬 수 있는 계획을 세우는 것이 좋아요.

확인하기 1

다음 중 계획문에 대해 가장 잘 표현한 쪽지는 무엇인지 찾아서 ○ 표시해 보세요.

가
계획문은 지키기 못할 내용을 적어도 돼.

나
계획문은 다른 사람에게 보여 주기 위한 글이야.

다
계획문은 다른 사람이 만들어 주는 게 좋아.

라
계획문은 목표를 이루기 위해 적는 글이야.

2. 계획문에는 어떤 형식이 있을까요?

계획문은 줄글로 적기도 하고, 표로 만들기도 해요. 하지만 어떤 방식이든 이루려는 목표, 해야 할 일, 시간과 방법 그리고 다짐이 공통으로 들어가요. 목표에는 계획문을 쓰게 된 이유, 즉 내가 이루고 싶은 일이나 지켜야 하는 약속을 써요. 해야 할 일에는 목표를 이루기 위해 해야 하는 일을 쓰죠. 시간과 방법에는 해야 할 일을 언제, 어떻게 할 것인지 구체적으로 써야 해요. 다짐에는 내가 세운 계획을 꼭 지키겠다는 나의 다짐을 쓰면 돼요.

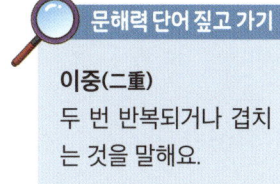

문해력 단어 짚고 가기

이중(二重)
두 번 반복되거나 겹치는 것을 말해요.

예준이의 계획문을 통해 자세히 살펴볼까요?

방학이 끝날 때까지 **이중** 뛰기 30개를 성공할 것이다. → 목표
목표를 이루기 위해 매일 밤 9시에 집 앞 놀이터에서 두 가지를 연습할 것이다. → 시간과 방법
첫 번째는 줄을 빨리 넘기는 연습이다. 줄넘기를 양손에 하나씩 들고 빠르게 줄넘기를 돌리는 연습을 매일 100개씩 할 것이다. → 해야 할 일
두 번째는 매일 이중 뛰기 기록을 한 개씩 늘려 갈 것이다. 첫째 날에는 1개, 둘째 날에는 2개, 30일째 되는 날에는 30개를 할 것이다.
쉽지 않은 목표지만 꾸준히 연습해서 방학이 끝났을 때는 반드시 이중 뛰기 30개를 성공할 것이다. → 다짐

확인하기 2

다음 중 계획문의 내용이 어느 부분에 해당하는지 알맞게 연결해 보세요.

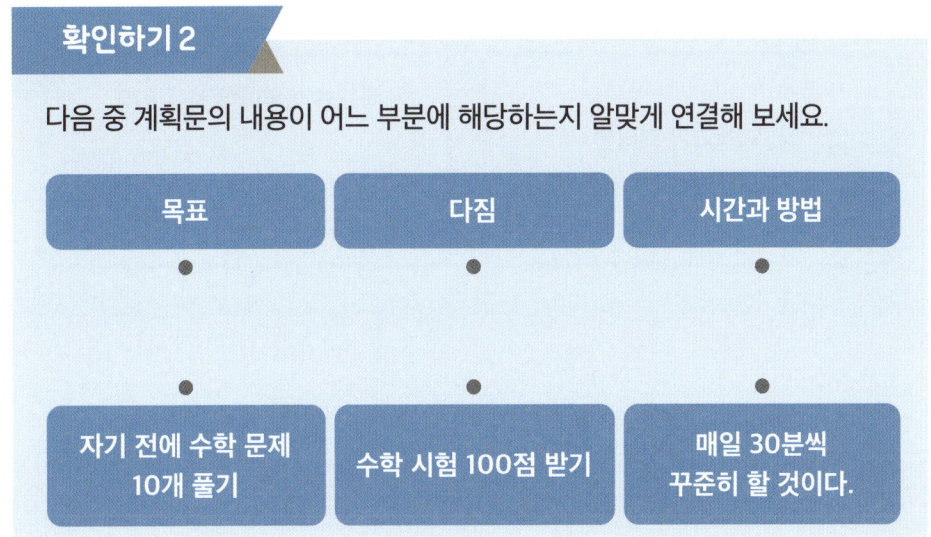

91

3. 계획문은 어떻게 써야 하나요?

　계획문을 쓸 때는 목표를 분명하게 정해야 해요. 확실하지 않은 목표가 아니라 구체적이고 자세한 목표가 좋아요. 목표를 이루는 데 도움이 되는 방법도 써야 해요. 무엇을, 언제, 어떻게 할 것인지 자세하게 써야 한답니다. 계획을 실천할 때 생길 수 있는 어려움을 미리 생각해 보고 해결책도 써 보세요. 목표를 이뤄야 하는 이유도 함께 쓰면 좋아요.

옥 선생님의 한 줄 더!

계획문을 보면서 계획을 지켰는지 점검하면 더 효과적으로 확인할 수 있어요. 표를 만들어 내가 한 일에 체크를 해 보세요.

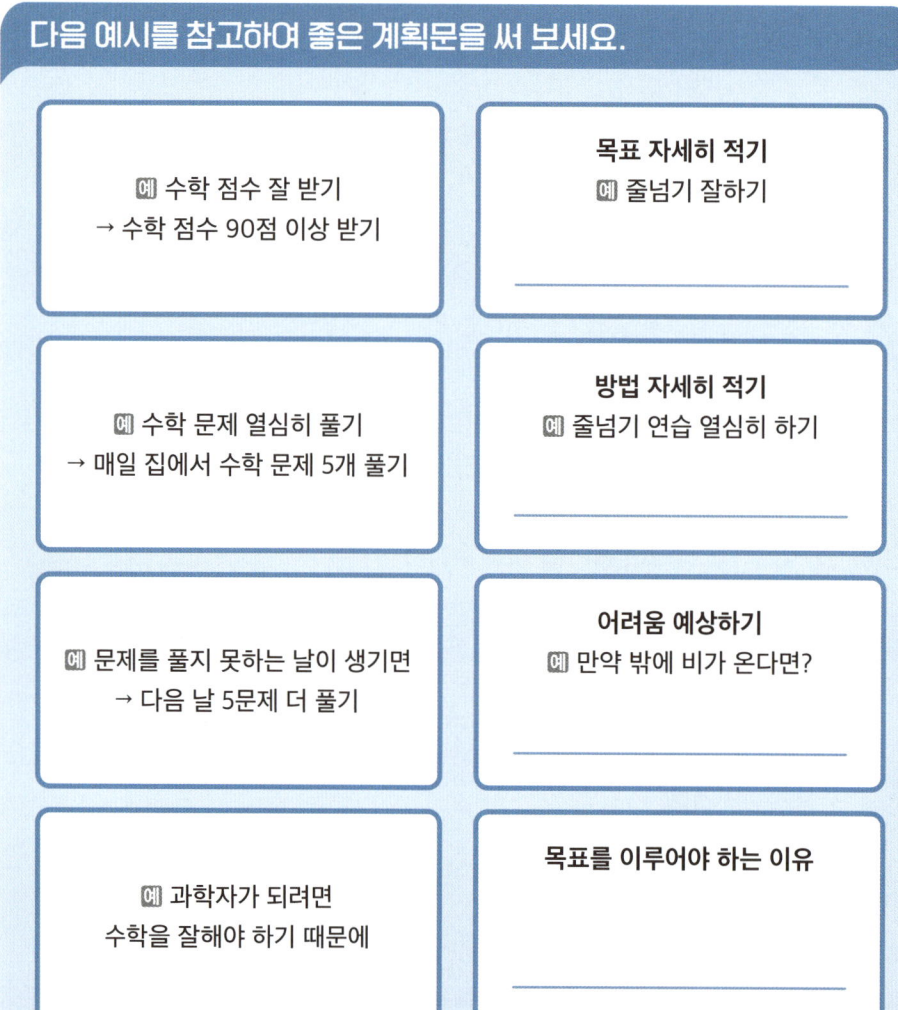

다음 예시를 참고하여 좋은 계획문을 써 보세요.

예) 수학 점수 잘 받기
→ 수학 점수 90점 이상 받기

목표 자세히 적기
예) 줄넘기 잘하기

예) 수학 문제 열심히 풀기
→ 매일 집에서 수학 문제 5개 풀기

방법 자세히 적기
예) 줄넘기 연습 열심히 하기

예) 문제를 풀지 못하는 날이 생기면
→ 다음 날 5문제 더 풀기

어려움 예상하기
예) 만약 밖에 비가 온다면?

예) 과학자가 되려면
수학을 잘해야 하기 때문에

목표를 이루어야 하는 이유

4. 계획문에는 어떤 종류가 있나요?

계획문은 어떤 계획을 세우는지에 따라 여러 종류가 있답니다. 학습 계획문, 운동 계획문, 여행 계획문, **습관** 계획문, 용돈 계획문 등이 있죠.

 문해력 단어 짚고 가기

습관(習慣)
어떤 행동을 오랫동안 반복하면서 저절로 하게 된 행동을 말해요.

관람(觀覽)
연극, 영화, 운동 경기 등을 보는 것을 말해요.

계획문의 종류

학습 계획문	운동 계획문	여행 계획문	용돈 계획문
공부를 어떻게 할지 쓰는 계획문	건강을 위한 운동을 어떻게 할지 쓰는 계획문	여행을 언제, 어디를, 어떻게 갈지 쓰는 계획문	내가 가진 용돈을 어떻게 쓸지 쓰는 계획문

습관 계획문	방학 계획문	식사 계획문
생활 속 좋은 습관을 만들거나 나쁜 습관을 없애기 위해 쓰는 계획문	여름 방학, 겨울 방학을 어떻게 보낼지 쓰는 계획문	건강하게 음식을 먹기 위해 음식의 종류를 정해 쓰는 계획문

확인하기 3

계획문의 종류로 알맞은 것을 <보기>에서 찾아 써 보세요.

<보기> 여행 계획문 용돈 계획문 학습 계획문 식사 계획문

가
3월 12일 목요일까지
1단원 문제
모두 풀기

나
-간식비 3,000원
-부모님 선물비로
5,000원 저축하기

다
8시~9시: 아침 식사
9시~9시 30분:
첨성대로 이동
9시 30분~11시:
첨성대 **관람**

라
매일 아침 식사
☑ 우유 200mL
☑ 샐러드 100g
☑ 삶은 달걀 2개

계획문의 종류에 대해 더 자세히 알아봐요.

학습 계획문 쓰는 법
공부를 효과적으로 하기 위해 쓰는 계획문이에요. 어떤 내용을 공부할지, 어떤 책으로 공부할지, 언제, 얼마나 공부할지 등을 써요. 내 수준에 맞는 학습 계획을 세우는 게 중요해요.

운동 계획문 쓰는 법
건강을 위해 또는 운동 실력을 늘리기 위해 쓰는 계획문이에요. 운동을 얼마나 할 것인지 횟수나 시간을 계획하고, 언제 할 것인지에 대한 내용을 시간 또는 요일로 계획해요.

여행 계획문 쓰는 법
알차고 즐거운 여행을 위해 여행을 떠나기 전 쓰는 계획문이에요. 필요한 준비물, 여행 중 어디에서 무엇을 보고, 무엇을 먹을지, 어떻게 이동할지, 필요한 돈은 얼마인지 등을 써요.

용돈 계획문 쓰는 법
내가 받은 용돈을 정해진 기간 동안 어떻게 사용할지 쓰는 계획문이에요. 내가 용돈을 쓰는 곳을 구분해 간식 사 먹기, 장난감 사기, 저축하기 등 내용마다 얼마를 사용할지 계획을 세워요.

습관 계획문 쓰는 법
일찍 일어나기, 규칙적으로 식사하기, 매일 독서하기 등 습관으로 만들고 싶은 행동을 쓰는 계획문이에요. 탄산음료 끊기, 게임 줄이기 등 나쁜 습관을 줄이기 위한 계획을 쓸 수도 있어요.

방학 계획문 쓰는 법
여름 방학, 겨울 방학 등 정해진 기간 동안 무엇을 할지 쓰는 계획문이에요. 시간표나 시계 모양에 하루의 일과를 계획해도 좋고, 하고 싶은 일을 목록 형태로 계획해도 좋아요.

식사 계획문 쓰는 법
내가 먹게 될 음식을 미리 정해 두고 쓰는 계획문이에요. 학교의 식단표처럼 메뉴, 필요한 재료, 영양분, 알레르기 식품 등의 내용을 함께 써야 해요.

5. 다양한 계획문

세계적으로 유명한 스포츠 스타나 위인 중에는 자신이 하는 일을 더 잘하기 위해 계획을 세우고, 세운 계획을 그대로 실천해 대단한 업적을 남긴 사람들이 있답니다. 누가 어떤 계획을 세웠는지, 그리고 그 계획을 얼마나 잘 실천했는지 살펴볼까요?

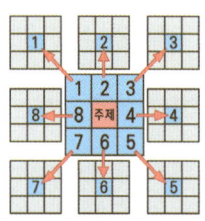

오타니의 만다라트

미국의 야구 리그 MLB에서 3번의 MVP를 받은 오타니는 어린 시절 '8구단 드래프트 1순위'라는 목표를 이루기 위해 만다라트 방식으로 계획을 세웠어요.

벤자민 프랭클린의 하루 일과표

미국의 정치가이자 과학자인 벤자민 프랭클린은 자신의 하루 일과를 표로 만들고 꾸준히 지키기 위해 노력했어요. 일어나는 시간, 식사하는 시간, 일하고 운동하는 시간 등이 적혀 있다고 해요.

유명인의 계획

한강 작가의 일과

우리나라에서 처음으로 노벨 문학상을 수상한 작가 한강은 글을 쓸 때 일정한 계획을 세웠다고 해요. 새벽 5시에 일어나 글을 쓰고, 6~7번 차를 마시고, 하루에 두 시간은 집 주변을 걷거나 운동을 한다고 했어요.

걸어 다니는 시계, 칸트

독일의 철학자 칸트는 매일 새벽 5시에 일어나 밤 10시에 잠 들었어요. 매일 같은 시간, 같은 곳을 산책해서 동네 사람들은 칸트가 지나가는 것을 보고 시간을 알았다고 해요.

계획은 개인만 세우는 것이 아니에요. 회사, 지역, 나라에서도 다양한 계획을 세우고 이것을 실천하기 위해 노력하고 있어요. 회사나 나라가 발전을 위해 세웠던 계획들을 살펴볼까요?

지구를 위한 파리 협정

지구 온난화를 막기 위해 모든 국가들이 이산화탄소의 배출을 줄여가기로 약속하고 세운 계획이에요.

경제 개발 5개년 계획

경제를 발전시키기 위해 1962년부터 5년 단위로 우리나라에서 세운 계획이에요. 이 시기 우리나라의 경제는 빠른 속도로 성장했어요.

일론 머스크의 화성 이주 계획

미국 첨단 기술 기업 테슬라의 CEO 일론 머스크는 일반인들을 위한 우주여행뿐만 아니라 화성 탐사와 지구인을 화성으로 이주시키는 것까지 계획하고 있어요.

회사나 나라의 계획

지속 가능한 개발 목표

2015년 제70차 UN 총회에서 지구의 지속 가능한 개발을 위해 17가지 목표를 세웠어요. 굶주림의 해결, 깨끗하고 저렴한 에너지, 평화 등에 대한 내용이 담겨 있어요.

연습 글쓰기 1

계획문의 구조를 마인드맵으로 만들어 봐요.

글을 쓰기 전에 단어를 중심으로 '생각의 지도'인 마인드맵(Mind Map)을 만들어 봐요. 이렇게 지도를 그리듯이 정리하면 글을 쓸 때 좀 더 편할 거예요.

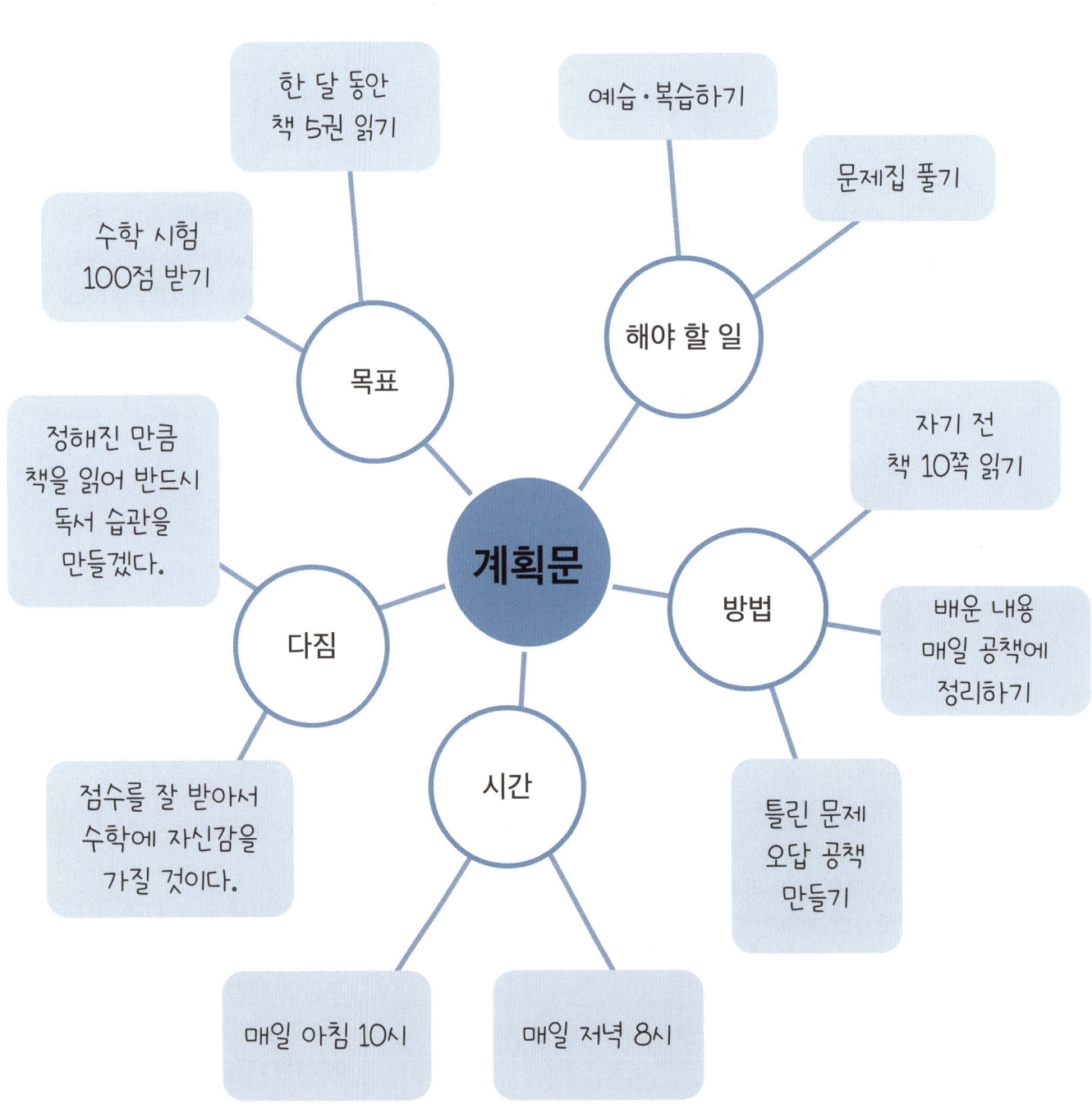

옆의 마인드맵을 참고해 자신의 마인드맵을 완성해 보세요.

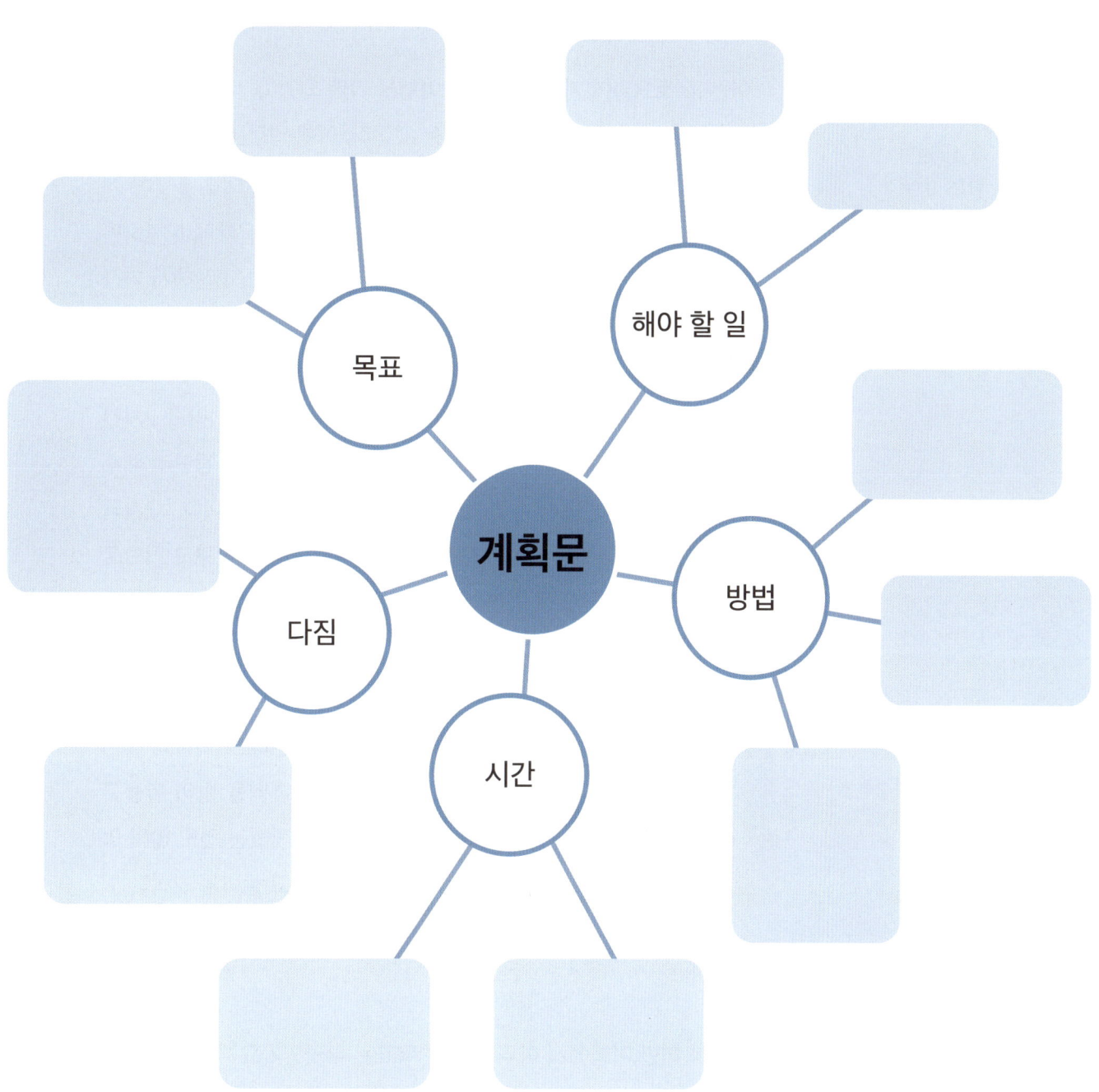

연습 글쓰기 2

계획문을 표로 만들어 봐요.

다음 나언이의 여행 계획문을 보고 물음에 답해 보세요.

옥 선생님의 한 줄 더!

계획문은 꼭 한 편의 글로 써야 하는 건 아니에요. 계획을 세우고, 실천하고, 점검할 수 있도록 표로 만들 수도 있어요.

이번 주 토요일에 가족들과 부산 여행을 가게 되었다. 이번 여행의 목표는 가족들과 많은 추억을 쌓고 오는 것이다. 여행 일정은 다음과 같다.

먼저 토요일 아침 10시에 집에서 차를 타고 부산 해운대로 출발할 계획이다. 부산까지는 차로 2시간 정도 걸린다고 한다. 해운대에 도착하면 ○○밀면에서 점심 식사를 할 것이다. 점심 식사를 한 뒤, 부산에서 가장 높은 건물인 LCT에 있는 전망대에서 풍경을 볼 것이다. 그리고 가족들과 함께 해운대 해수욕장부터 동백섬까지 2시간 정도 산책을 할 계획이다. 산책이 끝나면 해운대 미포에서 출발하는 해변 열차를 타고 2시간 동안 바다 경치를 구경할 것이다. 해변 열차를 타고 나서는 광안리 해수욕장으로 가서 부산에서 유명한 ○○돼지국밥을 먹을 것이다. 돼지국밥을 먹고 7시부터 시작하는 광안리 해수욕장의 드론 쇼를 보고 집으로 돌아올 것이다. 드론 쇼의 공연 시간은 10분 정도라고 한다.

아직 여행을 가기 전인데도 너무 기대된다. 가족들과 좋은 추억을 많이 만들고 맛있는 것도 많이 먹고 돌아올 것이다.

1 나언이가 이번 여행에서 이루고 싶은 목표는 무엇인가요?

2 다음 중 나언이가 이번 여행에서 계획한 내용으로 올바르지 않은 것을 고르세요.

① 집으로 어떻게 돌아올까?
② 산책은 어디에서 얼마나 할까?
③ 어디에서 저녁을 먹을까?

3 나언이의 여행 계획문을 표로 만들었습니다. 빈칸을 채워 표를 완성해 보세요.

시간	장소	할 것
오전 (　)시~오후 (　)시	집	집에서 해운대로 이동
오후 12시~1시		점심 식사
오후 1시~2시	LCT 전망대	
오후 2시~(　)시		산책하기
오후 4시~6시	해운대 미포	
오후 6시~6시 30분	해운대~광안리	광안리 해수욕장으로 이동
오후 7시~7시 10분	광안리 해수욕장	
오후 7시 10분~	집	집으로 돌아오기

실전 글쓰기 1

규칙적인 생활을 위한 방학 계획문을 써 봐요.

다음 혜선이의 방학 계획문을 보고 물음에 답해 보세요.

옥 선생님의 한 줄 더!

처음부터 어려운 계획을 세우기보다는 쉬운 계획으로 시작해서 조금씩 어려운 계획을 세우도록 해 보세요.
계획을 짤 때는 다른 사람이 이뤄 낸 결과만 보고 비교하지 마세요. 그러다 보면 무리한 계획을 세우게 된답니다.

혜선이의 방학 계획표

목표: 규칙적으로 생활하기

매일 할 일

계획		확인하기						
시간	할 일	월	화	수	목	금	토	일
매일 아침 8시	일어나기	○	○	○				
매일 아침 9시	줄넘기 200개 하기	○	○	×				
매일 아침 10시	영어 단어 10개 외우기	○	○	○				
매일 밤 9시	30분 책 읽기	○	○	×				
매일 밤 10시	잠자리에 들기	○	○	×				

일주일마다 할 일

계획	확인하기				
할 일	1주	2주	3주	4주	5주
내 방 청소하기	○				
일기 2개 쓰기	○				
독후 감상문 1개 쓰기	○				

1 혜선이의 방학 계획문 중 일주일마다 할 일에 어떤 일을 추가하면 좋을지 생각해 보세요.

_____

나의 방학 계획문을 써 보세요.

( )의 방학 계획표

목표: 규칙적으로 생활하기

매일 할 일

계획		확인하기						
시간	할 일	월	화	수	목	금	토	일
매일 ( )시								
매일 ( )시								
매일 ( )시								
매일 ( )시								
매일 ( )시								

일주일마다 할 일

계획	확인하기				
할 일	1주	2주	3주	4주	5주

실전 글쓰기 2

만다라트 계획문을 써 봐요.

다음 예준이의 만다라트 계획문을 보고 물음에 답해 보세요.

옥 선생님의 한 줄 더!

만다라트는 가운데에 목표를 적고, 그 목표를 이루기 위해 필요한 작은 목표를 주변에 적어요.

만다라트는 큰 목표를 지금부터 할 수 있는 작은 일로 나누기 때문에 목표를 이룰 수 있게 도움을 주죠. 바깥쪽의 작은 목표를 이루기 위해 해야 할 일을 적고 실천해 보세요.

㉮		인스턴트 음식 줄이기				㉯		팀원들에게 많이 웃어 주기
	체력 기르기						팀원들과 친해지기	
일찍 자고 일찍 일어나기								실수해도 격려하기
				체력 기르기		팀원들과 친해지기		
					단체 줄넘기 대회 우승하기			
				줄넘기 기술 연습하기		대회에서 떨지 않기		
매일 이중 뛰기 30개 하기								잔잔한 음악 듣기
	줄넘기 기술 연습하기						대회에서 떨지 않기	
매일 엇걸어 뛰기 100개 하기		선생님께 도움 청하기				심호흡 하기		기분 좋은 생각하기

1 예준이의 계획문을 보고 빈칸에 들어갈 알맞은 내용을 써 보세요.

1) ㉮ : _____

2) ㉯ : _____

<보기>의 주제를 참고해서 계획문을 써 보세요.

보기

즐거운 우리 반 만들기

긍정적인 마음 기르기

깨끗한 우리 동네 만들기

옥 선생님의 한 줄 더!

<보기>의 주제가 아니어도 괜찮아요. 자유롭게 주제를 생각해 계획문을 써 보세요.

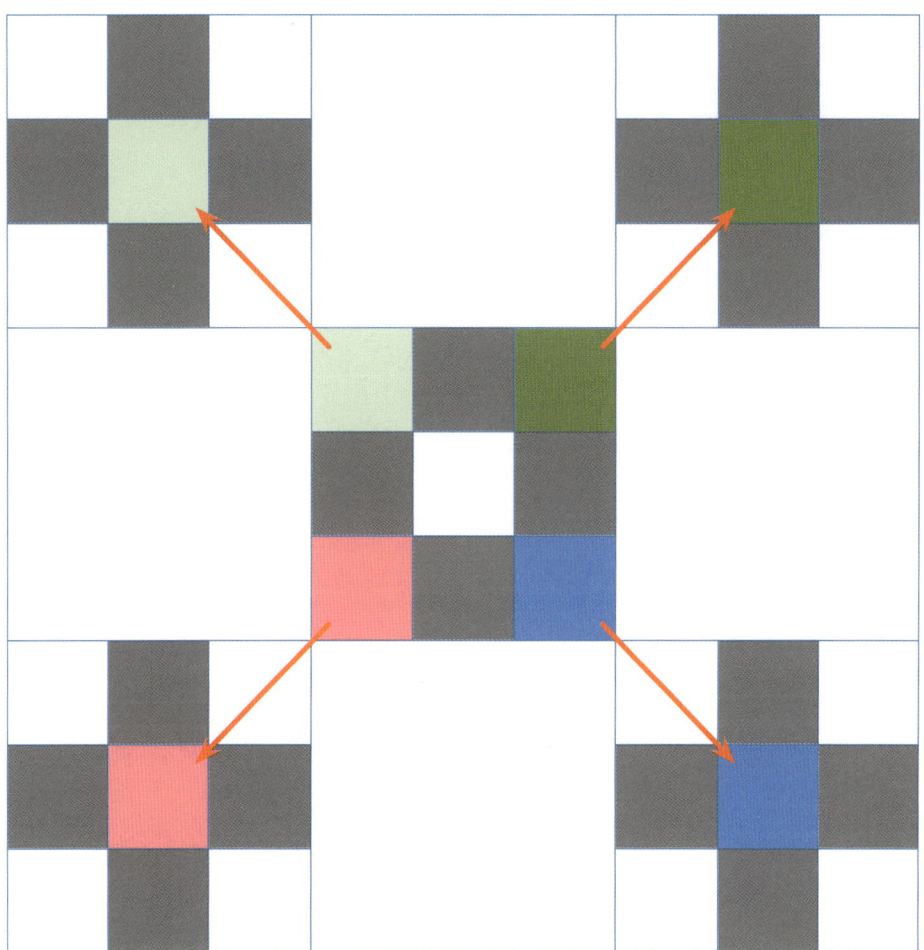

실전 글쓰기 3

나만의 버킷 리스트를 써 봐요.

다음 주연이의 버킷 리스트를 보고 물음에 답해 보세요.

옥 선생님의 한 줄 더!

죽기 전에 꼭 해야 할 일이나 하고 싶은 일들에 대한 목록을 버킷 리스트라고 해요. 지금 당장은 할 수 없어도, 언젠가 꼭 해 보고 싶은 일들을 써 보세요.

주연이의 버킷 리스트

☐ 프랑스에서 에펠탑 보기
☐ 비행기에서 구름 보기
☐ 바닷속에서 고래와 헤엄치기
☐ 가족들과 한라산 정상에 오르기
☐ 친구들과 놀이공원에서 (   )
☐ 학교에서 반장 되어 보기
☐ 태권도 검은 띠 따기
☐ 내가 직접 요리해서 가족들에게 밥 차려 주기
☐ (   ) 키우기
☐ 1년 동안 책 100권 읽기
☐ 100m 15초 안에 달리기
☐ 내가 계획한 (   ) 해 보기
☐ 친구들과 바닷가에 놀러 가기
☐ 그림 대회에 나가 상 받기
☐ TV 프로그램에 출연하기

1 주연이의 버킷 리스트를 보고 빈칸에 들어갈 알맞은 내용을 써 보세요.

꼭 해 보고 싶은 일을 생각해 보고 나만의 버킷 리스트를 써 보세요.

( )의 버킷 리스트

☐ ....

☐ ....

☐ ....

☐ ....

☐ ....

☐ ....

☐ ....

☐ ....

☐ ....

☐ ....

<발표문 관련> 사자성어·고사성어

'단도직입(單刀直入)'은
여러 말을 늘어놓지 않고 곧바로
중요한 내용을 말한다는 고사성어야.

<발표문 관련> 속담·관용어

'목소리를 높이다'는
어떤 의견이나 주장을
크게 내세운다는 관용어야.

사람들 앞에서 말할 내용을 정리한 글
발표문

"친구들 앞에서 조사한 내용을 발표해야 해요."
"영어 말하기 대회에서 준비한 내용을 발표해야 해요."

발표문은 발표할 내용을 정리해 쓴 글이에요. 생각나는 것을 바로 말할 수도 있지만 미리 준비해야 하는 발표문도 있어요. 하고 싶은 말을 더 잘하도록 도와주는 발표문, 같이 살펴볼까요?

발표문의 설명과 특징

하고 싶은 말을 정리해서 발표해 봐요.

1. 발표문이란 무엇일까요?

발표문은 한자로 필 발(發), 겉 표(表), 글월 문(文)입니다. 즉 나의 생각이나 설명할 내용을 겉으로 드러낸다는 뜻이에요. 발표를 할 때 미리 발표문으로 내용을 정리해 두면 말하고자 하는 내용을 정확하게 전달할 수 있어요.

발표문은 학생들이 수업을 듣는 학교에서도, 어른들이 일하는 회사에서도, 중요한 모임에서도 써요. 발표문 쓰는 연습을 잘해 두면 다른 사람들 앞에서 말하는 게 두렵지 않을 거예요.

문해력 단어 짚고 가기

청중(聽衆)
발표나 음악 등 누군가에게 전달하는 내용을 듣기 위해 모인 사람을 말해요.

옥 선생님의 한 줄 더!

발표문은 듣는 사람을 생각하며 써야 해요. 듣는 사람은 다른 말로 청중이라고 해요.

확인하기 1

다음 중 발표문에 대해 가장 잘 표현한 쪽지는 무엇인지 찾아서 ○ 표시해 보세요.

가 발표문은 나 혼자 간직하기 위한 글이야.

나 발표문은 평소에 잘 쓰이지 않아.

다 다른 사람을 설득할 때는 발표문을 쓰지 않아.

라 발표문은 **청중** 앞에서 말을 할 때 필요해.

110

2. 발표문에는 어떤 형식이 있을까요?

발표문은 처음, 중간, 마지막 부분으로 나눌 수 있어요. 처음에는 청중에게 인사하고, 이 발표가 어떤 주제에 대한 발표인지, 왜 발표를 하게 되었는지를 설명해요. 중간에는 발표할 주제에 대한 내용을 써요. 듣는 사람이 기억하기 쉽도록 중요한 내용을 써야 해요. 마지막 부분에는 발표한 내용을 정리, 요약하고 발표를 들어 주어 감사하다는 인사를 하면 돼요.

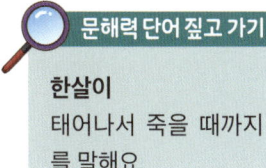

문해력 단어 짚고 가기

한살이
태어나서 죽을 때까지를 말해요.

선민이의 발표문을 통해 자세히 살펴볼까요?

안녕하세요, 여러분! 저는 ○○초등학교 3학년 ○반 박선민입니다. — **처음 (인사말)**

저는 오늘 '교실에서 분리수거를 잘하자'라는 주제로 발표를 하려고 합니다. — **처음 (발표 내용 소개)**

요즘 우리 반은 분리수거가 잘되지 않아 교실이 지저분해지고 있습니다. 이대로 두면 교실이 쓰레기장처럼 엉망이 될 것입니다. 상상해 보세요. 바닥에는 쓰레기가 굴러다니고, 쓰레기통에서는 지독한 냄새가 나고, 벌레들이 기어다니는 교실을요. 이러한 상황을 막기 위해서는 반드시 분리수거를 잘해야 합니다. — **중간 (발표 내용)**

우리 반이 분리수거를 잘하는 반이 되길 바랍니다. 작은 실천이 큰 변화를 만듭니다. — **끝 (정리, 요약)**

지금까지 제 발표를 들어 주셔서 감사합니다. — **마무리 (인사말)**

확인하기 2

다음 중 발표문의 내용이 어느 부분에 해당하는지 알맞게 연결해 보세요.

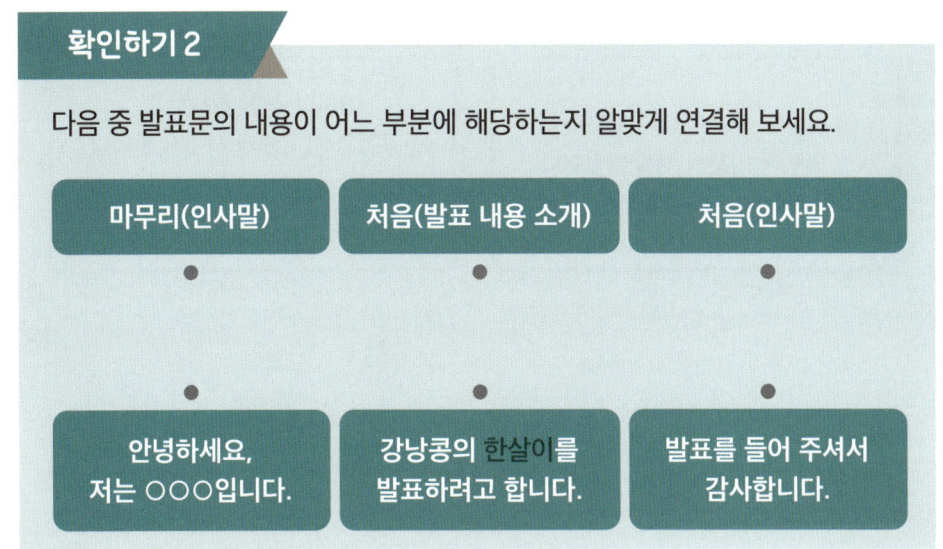

3. 발표문은 어떻게 써야 하나요?

발표문은 듣는 사람의 기억에 남을 수 있도록 써야 해요. 발표를 듣는 사람이 내가 발표한 내용에서 딱 한 문장만 기억한다면 어떤 문장을 기억하면 좋을지 생각해 보세요. 기억에 남게 하기 위해서 반복하거나, 강조하는 표현, 비유하는 표현, 재미있는 표현 등을 사용할 수 있어요. 말하고자 하는 내용을 예시나 경험을 활용해 설명하면 더욱 좋아요.

옥 선생님의 한 줄 더!

발표 주제에 따라 주장문, 설명문, 관찰문의 글쓰기 방법을 사용할 수 있어요.
여러 번 반복해서 이야기하면 사람들의 기억에 오래 남아요. 중요한 내용은 발표를 마무리할 때 한 번 더 강조해 주세요. '결론적으로', '다시 한번 말하지만'과 같은 표현을 써도 좋아요.

다양한 표현 방법을 이용해 중요한 내용을 강조하는 글을 써 보세요.

예) 전기를 아껴야 합니다.
→ 전기를 아끼고, 아끼고 또 아껴야 합니다.

반복하는 표현 쓰기
친구들을 도와야 합니다.
_____

예) 지구를 지켜야 합니다.
→ 지구를 '반드시' 지켜야 합니다.

강조하는 표현 쓰기
운동을 해야 합니다.
_____

예) 치타는 굉장히 빠릅니다.
→ 치타는 편의점으로 달려가는 여러분처럼 굉장히 빠릅니다.

비유하는 표현 쓰기
나무늘보는 굉장히 느립니다.
_____

예) 독서를 하면 성적이 오릅니다.
→ 하루에 10분씩 책을 읽었더니 국어 시험에서 100점을 받았습니다.

예시나 경험 활용하기
친구들과 사이좋게 지내야 합니다.
_____

4. 발표문에는 어떤 종류가 있나요?

발표문은 발표의 주제와 내용에 따라 여러 종류가 있답니다. 조사한 내용에 대해 발표하는 조사 발표문, 자신의 의견을 내는 **제안** 발표문, 어떤 대상에 대해 소개하는 **소개** 발표문 등이 있죠. 여러분이 지금까지 써 온 글 모두 발표문으로 만들 수도 있어요.

문해력 단어 짚고 가기

제안(提案)
어떤 생각이나 의견을 말해요.

소개(紹介)
잘 알려지지 않았거나 모르는 사실을 알 수 있도록 알려 주는 것을 말해요.

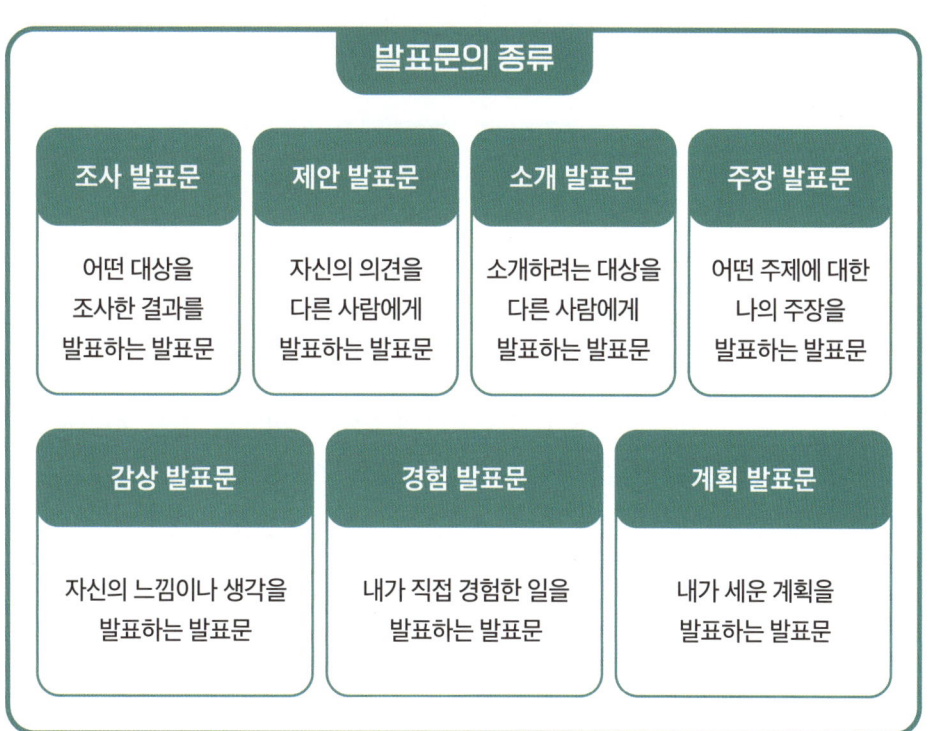

발표문의 종류

- **조사 발표문**: 어떤 대상을 조사한 결과를 발표하는 발표문
- **제안 발표문**: 자신의 의견을 다른 사람에게 발표하는 발표문
- **소개 발표문**: 소개하려는 대상을 다른 사람에게 발표하는 발표문
- **주장 발표문**: 어떤 주제에 대한 나의 주장을 발표하는 발표문
- **감상 발표문**: 자신의 느낌이나 생각을 발표하는 발표문
- **경험 발표문**: 내가 직접 경험한 일을 발표하는 발표문
- **계획 발표문**: 내가 세운 계획을 발표하는 발표문

확인하기 3

발표문의 종류로 알맞은 것을 <보기>에서 찾아 써 보세요.

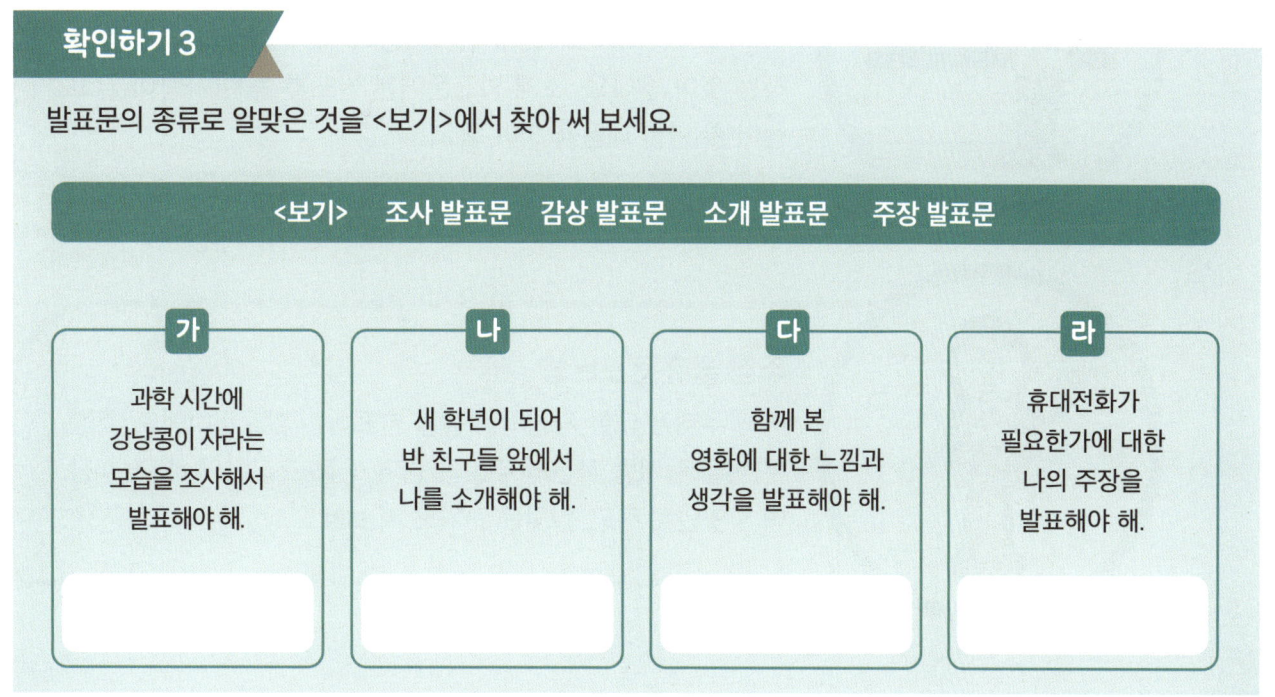

<보기> 조사 발표문   감상 발표문   소개 발표문   주장 발표문

가: 과학 시간에 강낭콩이 자라는 모습을 조사해서 발표해야 해.

나: 새 학년이 되어 반 친구들 앞에서 나를 소개해야 해.

다: 함께 본 영화에 대한 느낌과 생각을 발표해야 해.

라: 휴대전화가 필요한가에 대한 나의 주장을 발표해야 해.

발표문의 종류에 대해 더 자세히 알아봐요.

조사 발표문 쓰는 법
어떤 주제를 조사하고 정리한 내용을 발표하는 발표문이에요. 조사 발표문에서는 자신의 생각이나 느낌보다 조사한 내용을 있는 그대로 정확하게 쓰는 것이 중요해요.

제안 발표문 쓰는 법
어떤 주제에 대한 자신의 의견을 다른 사람에게 발표하는 발표문이에요. 내 의견의 장점을 쓰면 좋아요. 발표를 듣는 사람이 궁금해할 내용을 미리 적어 두는 것도 좋은 방법이에요.

소개 발표문 쓰는 법
어떤 사람이나 사물, 내가 만든 작품 등을 다른 사람에게 발표하는 발표문이에요. 소개하는 대상이 다른 대상과 다른 점을 적는 것이 좋아요. 소개 발표문에는 발표를 듣는 사람이 알고 싶어 할 만한 내용을 써야 해요.

주장 발표문 쓰는 법
어떤 주제에 대한 자신의 주장을 발표하는 발표문이에요. 주장문(논설문)처럼 자신의 주장과 근거가 잘 드러나야 해요. 주장이 무엇인지 적고, 알맞은 근거도 써 보세요.

감상 발표문 쓰는 법
책, 미술, 음악, 공연 등 작품을 보고 들었던 생각과 느낌을 발표하는 발표문이에요. 인상 깊었던 부분과 그렇게 느낀 이유를 함께 설명해야 해요. 작품의 내용과 감상을 연결하여 듣는 사람이 나의 발표문에 공감할 수 있게 써 보세요.

경험 발표문 쓰는 법
내가 직접 해 본 일이나 특별한 경험을 발표하는 발표문이에요. 경험한 것만 적기보다는 경험을 통해 어떤 것을 느끼고 배웠는지 적는 게 좋아요. 발표문을 듣는 사람도 그 상황을 경험하는 것처럼 느낄 수 있게 써 보세요.

계획 발표문 쓰는 법
앞으로 할 일이나 목표를 정하고 세운 계획을 발표하는 발표문이에요. 구체적으로 무엇을, 언제, 어떻게 할 것인지 쓰는 게 중요해요. 내가 세운 계획을 다른 사람도 쉽게 이해할 수 있도록 써 보세요.

5. 다양한 발표문

같은 주제의 발표라도 누가 어떻게 발표했는지에 따라 사람들의 기억에 남을 수도 있고, 남지 않을 수도 있어요. 사람들의 기억에 남는 발표로는 어떤 것들이 있는지 살펴볼까요?

스티브 잡스의 아이폰 발표

애플의 CEO 스티브 잡스는 2007년 아이폰을 발표했어요. 스마트폰의 등장을 알린 이 발표는 여전히 최고의 발표로 기억되고 있어요.

김연아의 평창 유치 발표

2018년 동계 올림픽 유치를 위한 발표에 피겨 선수 김연아가 발표자로 나섰어요. 자신의 어린 시절 이야기를 담은 이 발표에는 김연아 선수의 진심이 잘 담겨 있었어요.

사람들의 기억에 남은 발표

감사함을 전하는 황정민의 발표

청룡영화상에서 남우주연상을 받은 배우 황정민은 수상 소감으로 "스태프들이 밥상을 차려 놓으면 저는 그저 맛있게 먹기만 하면 되거든요."라고 말했어요. 자신이 상을 받은 것이 모두 다른 사람들 덕분이라는 감사함을 담은 발표문이에요.

노벨 문학상 한강 작가의 발표

우리나라 최초로 노벨 문학상을 받은 작가 한강은 수상 소감에서 '문학은 생명을 파괴하는 모든 행위에 반대하는 일'이라고 했어요.

역사 속 다양한 발표들 중에는 시간이 지나도 사람들의 입에 오르내리는 발표가 있어요. 어떤 발표는 세상을 바꾸기도 했답니다. 역사적으로 중요했던 발표들을 살펴볼까요?

독립선언서

1919년 3월 1일 독립 만세 운동 때 33명의 민족 대표가 우리나라의 독립을 선포한 발표문이에요. 평화적인 방법으로 나라를 되찾으려고 하는 내용이 담겨 있어요.

백범 김구의 나의 소원

발표문의 형식으로 우리나라가 세상에서 가장 아름다운 나라가 되길 바라는 마음을 담아 쓴 글이에요. 이 글은 국어 교과서에 실리기도 했죠.

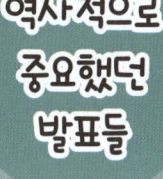

역사적으로 중요했던 발표들

We choose to go to the moon.

1963년 미국의 대통령 존 F. 케네디는 라이스 대학교 연설에서 "우리는 달에 가기로 결정했습니다."라는 발표를 했어요. 1969년 결국 케네디의 말대로 미국은 사람을 달에 보내는 데 성공했어요.

게티즈버그 연설

1863년 미국의 대통령 에이브러햄 링컨은 게티즈버그 연설에서 '국민의, 국민에 의한, 국민을 위한'이라는 표현을 사용했어요. 민주주의의 의미를 잘 보여 주는 유명한 발표랍니다.

연습 글쓰기 1

발표문의 구조를 마인드맵으로 만들어 봐요.

글을 쓰기 전에 단어를 중심으로 '생각의 지도'인 마인드맵(Mind Map)을 만들어 봐요. 이렇게 지도를 그리듯이 정리하면 글을 쓸 때 좀 더 편할 거예요.

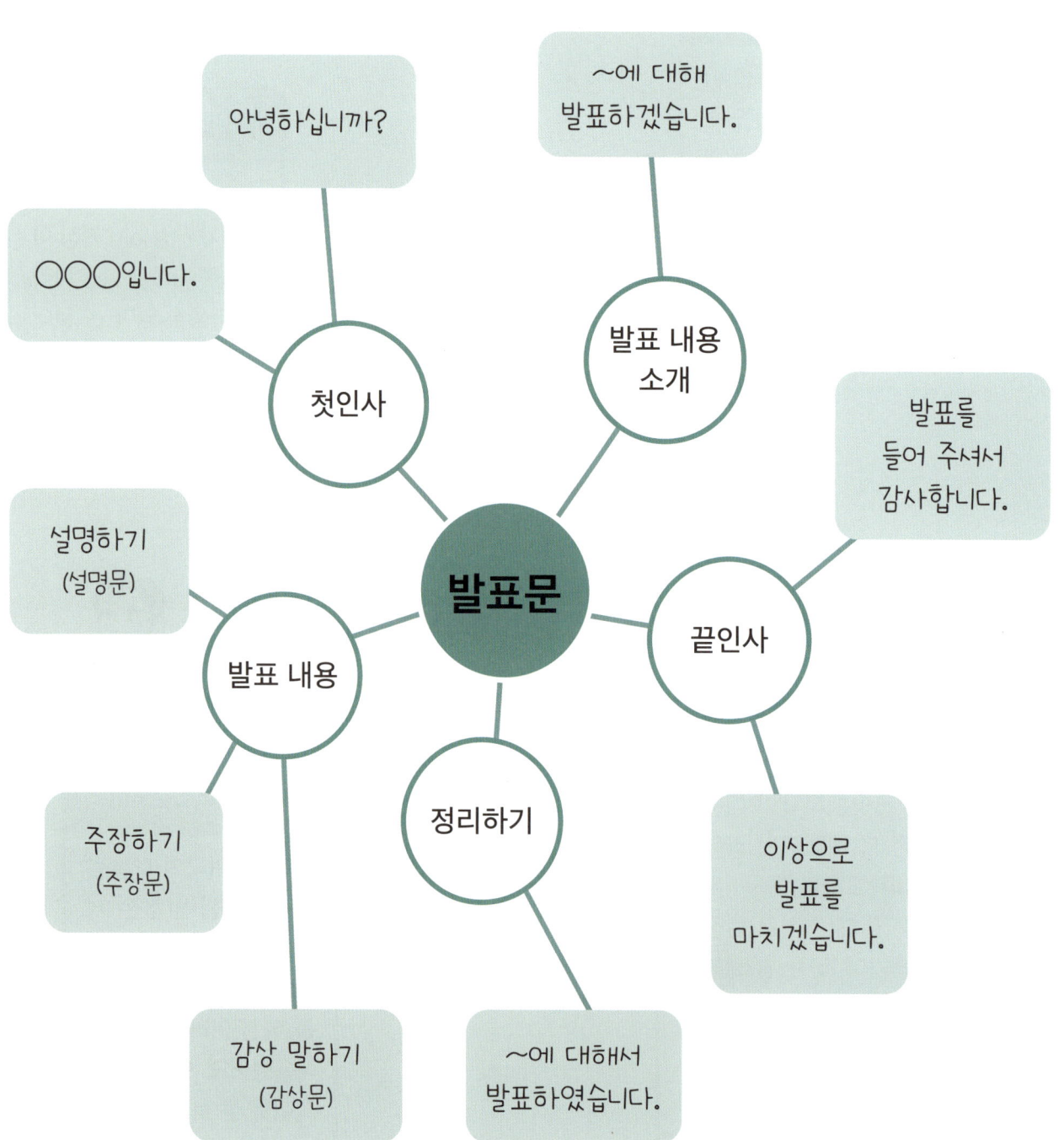

옆의 마인드맵을 참고해 자신의 마인드맵을 완성해 보세요.

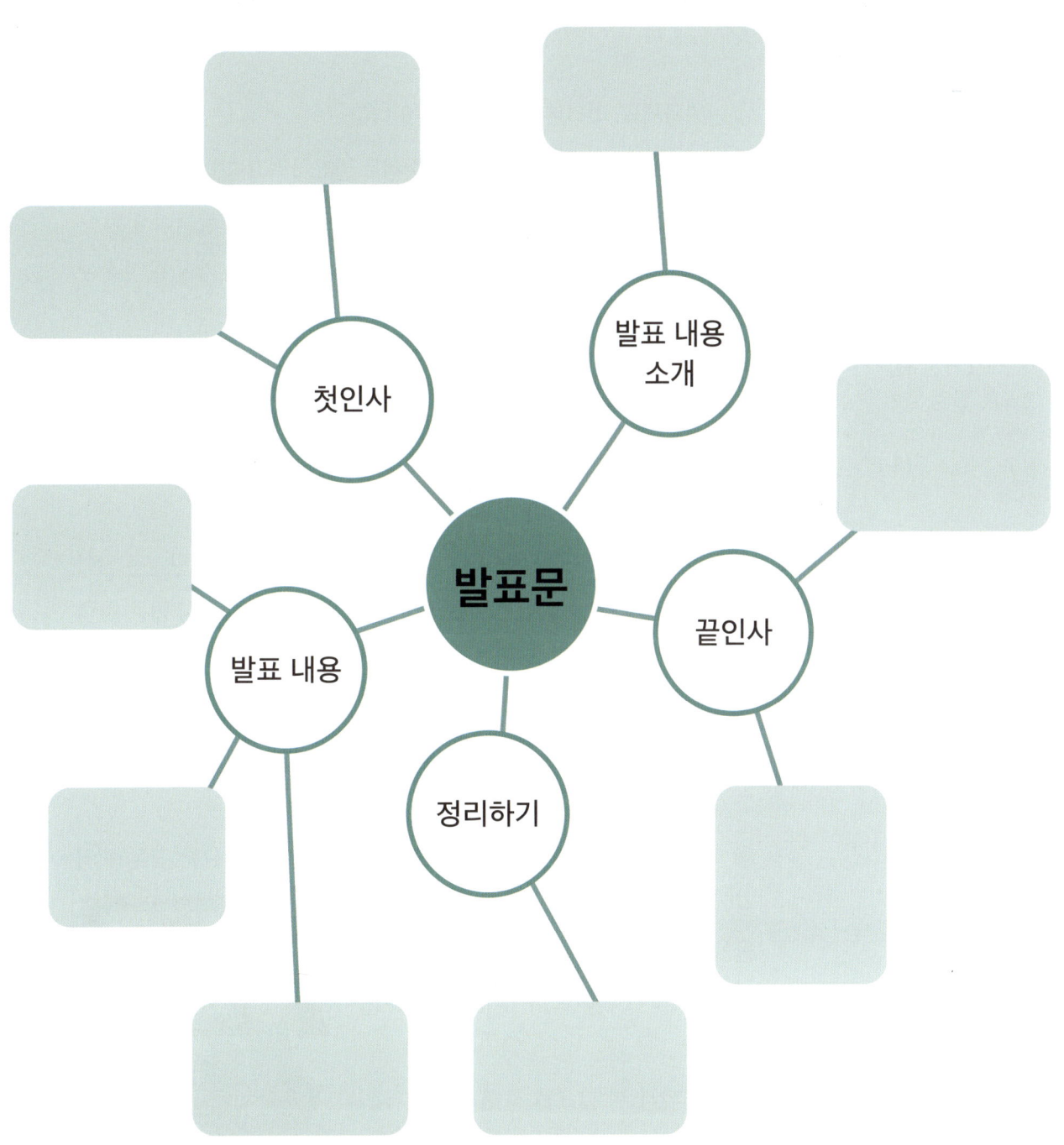

연습 글쓰기 2

자신이 관심 있는 주제로 발표문을 써 봐요.

다음 나언이의 조사 발표문을 보고 물음에 답해 보세요.

 옥 선생님의 한 줄 더!

발표는 공식적인 말하기 상황이에요. 그러므로 발표문을 쓸 때는 발표를 듣는 사람이 누구든 높임 표현을 사용해야 해요. 그리고 주어진 시간에 맞게 발표할 수 있도록 글의 양을 조절해야 해요.

㉮ 안녕하세요, 여러분! 21번 이나언입니다.

저는 (　　　　　　)(이)라는 주제로 발표하려고 합니다.

㉯ 요즘 많은 사람들이 반려동물을 키우고 있는데, 어떤 동물이 가장 인기 있는지 궁금하지 않나요? 그래서 저는 우리나라에서 가장 많이 키우는 반려동물을 조사해 보았습니다.

㉰ 조사 결과, 우리나라에서 가장 많이 키우는 반려동물은 강아지와 고양이였습니다. 강아지는 오랫동안 사람과 함께 살아 온 반려동물로, 전체 반려동물 중 가장 많은 부분을 차지했습니다. 사람과 친근하게 지내며 다양한 종류와 크기가 있어서 많은 사람들이 키우고 있습니다.

㉱ 그다음으로 많이 키우는 반려동물은 고양이였습니다. 고양이는 강아지보다 독립적인 성격을 가지고 있어서 집을 비우는 시간이 많은 사람에게 인기가 많습니다. 최근에는 '고양이 집사'라는 말이 생길 정도로 고양이를 키우는 사람들이 점점 늘어나고 있습니다.

㉲ 많지는 않지만 도마뱀 같은 파충류를 키우는 사람도 많아지고 있다고 합니다.

㉳ 이 조사를 하면서 저는 반려동물을 키울 때 가장 중요한 것은 책임감이라는 것을 알게 되었습니다. 반려동물을 키우기 전 충분히 생각하고 끝까지 잘 돌볼 자신이 있는지 고민해 보아야 합니다.

㉴ 지금까지 제 발표를 들어 주셔서 감사합니다!

1 나언이의 발표문 주제는 무엇인지 빈칸에 써 보세요.

저는 (　　　　　　　)(이)라는 주제로 발표하려고 합니다.

2 나언이의 발표문 종류로 가장 알맞은 것을 고르세요.

① 제안 발표문　　② 주장 발표문

③ 감상 발표문　　④ 조사 발표문

3 나언이의 발표문 중 발표하지 않아도 되는 부분은 무엇인지 골라 보세요.

보기

㉮　㉯　㉰　㉱　㉲　㉳　㉴

4 나언이의 발표문을 보고 내용을 정리해 보세요.

우리나라에서 가장 많이 (　　　　　　)

1위: (　　　　　　)

특징: 다양한 (　　　　　　　　　)

2위: (　　　　　　)

특징: 강아지보다 (　　　　　　　　　　)이다.

121

실전 글쓰기 1

나에 대해 소개하는 발표문을 써 봐요.

다음 예준이의 소개 발표문을 보고 물음에 답해 보세요.

 옥 선생님의 한 줄 더!

글로 쓴 발표문은 반드시 미리 발표하듯 읽으며 연습해 보아야 해요. 발표할 때는 발표문만 보고 있으면 안 돼요. 고개를 들고 듣는 사람을 바라보면서 말해야 해요.

안녕하세요, 여러분! 저는 ○○초등학교 3학년 ○반 최예준입니다.

이번 학기에 여러분과 같은 반이 되어 정말 기뻐요!

저는 맛있는 음식을 먹는 걸 정말 좋아해요. 그중에서도 치킨과 떡볶이를 가장 좋아합니다. 특히 매운 떡볶이와 치킨을 같이 먹는 걸 좋아해요!

제가 가장 좋아하는 과목은 체육이에요! 운동하는 걸 좋아해서 줄넘기와 축구를 자주 해요. 쉬는 시간에 같이 축구를 하고 싶은 친구가 있으면 언제든 불러 주세요.

그리고 제 취미는 그림 그리기예요. 시간이 날 때마다 캐릭터 그림을 그리는데, 나중에 친구들 그림도 한번 그려 보고 싶어요.

앞으로 한 해 동안 우리 반 친구들과 사이좋게 지내고 싶어요. 혹시 모르는 게 있으면 서로 도와주고, 다 함께 즐거운 반을 만들면 좋겠습니다!

지금까지 제 발표를 들어 주셔서 감사합니다!

---

1 예준이가 친구들에게 소개한 것들을 모두 골라 보세요.

> **보기**
>
> 좋아하는 음식   취미   싫어하는 과목
> 좋아하는 색깔   싫어하는 음식   좋아하는 과목

122

친구들에게 나에 대해 소개하는 발표문을 써 보세요.

안녕하세요, 여러분! 저는 (   )입니다.

이번 학기에 여러분과 같은 반이 되어 정말 기뻐요!

저는 (   )을(를) 가장 좋아해요.

제가 가장 좋아하는 ....
....
....
....

그리고 제 취미는 ....
....
....
....

....면 좋겠습니다!

지금까지 제 발표를 들어 주셔서 감사합니다!

 **옥 선생님의 한 줄 더!**

중요한 내용에 밑줄을 치거나 동그라미를 치는 등 표시를 해 두면 발표할 때 도움이 돼요. 발표문을 읽을 때는 친구에게 이야기하듯 자연스럽게 해야 해요. 너무 빠르게 말하면 사람들이 잘 알아듣지 못할 수도 있거든요.

실전 글쓰기 2

자료를 참고해서 발표문을 써 봐요.

다음 혜선이의 주장 발표문을 보고 물음에 답해 보세요.

옥 선생님의 한 줄 더!

발표할 때 나도 모르는 내용을 발표해서는 안 돼요. 내가 발표하려는 내용에 대해 정확하게 알고 있어야 해요.

> 안녕하세요, 기후 변화에 대해 발표할 박혜선입니다.
>
> 요즘 날씨가 예전과 많이 달라진 것 같지 않나요? 겨울에는 덜 춥고, 여름에는 너무 덥습니다. 이런 현상을 '기후 변화'라고 합니다.
>
> 산업 혁명 이후 사람들이 공장에서 연료를 태우기 시작하면서 공기 중에 '온실가스'가 많아졌습니다. 온실가스는 지구를 따뜻하게 만드는 기체인데, 너무 많아지면 '지구 온난화'가 심해집니다.
>
> 지구 온난화가 계속되면 '해수면 상승'이 생길 수도 있어요. '기상 이변'도 많아지고, '생태계 파괴'가 일어날 수도 있습니다.
>
> 환경을 보호하고, 지구 온난화를 막기 위해 전기와 물을 아껴 쓰고 쓰레기를 줄여야 합니다. 지금부터 작은 실천을 시작해 보는 건 어떨까요?
>
> 지금까지 제 발표를 들어 주셔서 감사합니다.

1 <보기>를 참고해서 혜선이의 발표문을 알기 쉽도록 바꾸어 써 보세요.

> **보기**
>
> 해수면 상승: 바닷물이 높아지는 것
> 기상 이변: 갑자기 날씨가 이상하게 변하는 것
> 생태계 파괴: 동물이나 식물이 사는 환경이 망가지는 것

1) 지구 온난화가 계속되면 '해수면 상승'이 생길 수도 있어요.

___

2) '기상 이변'도 많아지고, '생태계 파괴'가 일어날 수도 있습니다.

___

<보기>의 자료를 참고해서 외래어 사용을 줄여야 한다는 발표문을 써 보세요.

보기

자료 1: 순우리말은 한자어나 외래어가 섞이지 않은 우리말을 뜻한다. 대표적인 순우리말로는 '아름답다', '햇살', '마루', '바람' 등이 있다. 이러한 말들은 우리나라의 자연과 감정을 그대로 담고 있다.

자료 2: 순우리말에는 예쁜 뜻을 가진 단어들이 많다. 예를 들어 '이내'는 '넓고 큰 바다'를 뜻하고, '온새미로'는 '자연 그대로, 언제나 변함없이'라는 의미를 가진다. 또 '다솜'은 '사랑'을 뜻하는 아름다운 순우리말이다.

자료 3: 순우리말은 아름다울 뿐만 아니라 그 속에 따뜻한 정서와 조상들의 지혜가 담겨 있다. 예를 들어 '가온누리'는 '세상의 중심'이라는 뜻을 가지고 있으며, '도담도담'은 어린아이가 건강하게 잘 자라는 모습을 표현한 말이다.

옥 선생님의 한 줄 더!

내가 모르는 단어나 내용은 내가 이해할 수 있는 표현으로 바꾸어 써야 해요.

안녕하세요, 저는 (　　　　　　　　　　)입니다.
저는 아름다운 우리나라 말에 대해 발표하려고 합니다.

실전 글쓰기 3

나의 소감을 발표문으로 써 봐요.

다음 주연이의 경험 발표문을 보고 물음에 답해 보세요.

옥 선생님의 한 줄 더!
진심을 담은 발표문은 듣는 사람의 마음을 움직일 수 있어요.

> 안녕하세요, 여러분! 김주연입니다. 저는 오늘 '3학년 생활을 마치며'라는 주제로 발표하려고 합니다.
>
> 처음 3학년이 되었을 때가 생각나요. 새로운 친구들과 만나고, 새로운 선생님과 함께 공부하면서 설레기도 하고 조금은 긴장되기도 했어요. 하지만 우리는 1년 동안 많은 추억을 쌓고, 서로를 잘 알게 되었어요.
>
> 함께 공부하고, 운동장에서 뛰어 놀고, 소풍도 다녀오면서 정말 즐거운 시간을 보냈어요. 특히 학예회와 운동회처럼 친구들과 힘을 합쳐 준비했던 순간들이 가장 기억에 남아요. 선생님께서 항상 "친구들을 배려하고 서로 도와주자."라고 말씀해 주셔서 우리가 더 좋은 친구가 될 수 있었던 것 같아요.
>
> 이제 곧 4학년이 되어서 새로운 반에서 새로운 친구들을 만나게 되겠지만, 3학년 생활을 함께한 추억은 절대 잊지 않을 거예요.
>
> 여러분 모두 한 해 동안 정말 고마웠어요! 4학년이 되어서도 더 멋진 친구로 더 멋진 모습으로 만나길 바라요!
>
> 지금까지 제 발표를 들어 주셔서 감사합니다!

1 발표문에서 알 수 있는 주연이의 감정을 모두 찾아 ○ 표시를 해 보세요.

> **보기**
>
> 설렘   긴장됨   뿌듯함   고마움   아쉬움
> 즐거움   화남   두려움   외로움   짜증남   실망함

여러분의 학교 생활을 돌아보고 소감을 발표문으로 써 보세요.

옥 선생님의 한 줄 더!

발표문만 보고 읽는 발표는 좋은 발표가 아니에요. 발표할 때는 발표문보다는 청중(듣는 사람)을 바라보세요.

<기획문·보고서 관련> 사자성어·고사성어

'주도면밀(周到綿密)'은 세심하고 빈틈이 없다는 고사성어야.

<기획문·보고서 관련> 속담·관용어

'잠결에 남의 다리 긁는다'는 계획 없이 하는 일은 실수하기 쉽다는 속담이야.

방향을 잡아 주고 정리를 도와주는 글
기획문과 보고서

"궁금한 사실을 실험으로 확인해 보고 싶어요."
"실험을 끝낸 다음에 내용을 어떻게 정리하면 좋을까요?"

기획문과 보고서는
우리가 무언가를 계획할 때,
계획을 실행하고 정리할 때
쓰면 좋은 글이에요.
계획하고, 실천하고, 정리하는
기획문과 보고서,
같이 살펴볼까요?

기획문과 보고서의 설명과 특징

시작 전 준비와 끝난 뒤의 정리를 해요.

1. 기획문과 보고서란 무엇일까요?

기획문은 한자로 꾀할 기(企), 그을 획(劃), 글월 문(文)입니다. 즉 일을 준비하고 계획하는 글이라는 뜻이에요. 일을 시작하기 전에 준비해야 할 것과 어떻게 **진행**할지를 정리한 기획문은 구체적으로 쓰는 것이 좋아요.

보고서는 한자로 알릴 보(報), 고할 고(告), 글 서(書)입니다. 즉 자신이 한 일에 대한 내용과 결과를 알리는 글이라는 뜻이지요. 그런 만큼 읽는 사람이 잘 이해할 수 있도록 차근차근 정리해서 써야 해요.

기획문은 행사나 과학 **실험**을 준비할 때 쓰고, 보고서는 행사나 실험의 결과를 정리할 때 쓰곤 해요.

문해력 단어 짚고 가기

진행(進行)
일 등을 처리하여 나아가는 것을 말해요.

실험(實驗)
새로운 방법 등을 사용해 보는 것을 말해요.

옥 선생님의 한 줄 더!
기획문은 계획문의 특징을, 보고서는 관찰문의 특징을 가지고 있어요. 앞서 배운 두 글쓰기를 잘 생각해 보세요.

확인하기 1

다음 중 기획문과 보고서에 대해 가장 잘 표현한 쪽지는 무엇인지 찾아서 ○ 표시해 보세요.

가 과학 실험을 하기 전에는 보고서를, 마친 뒤에는 기획문을 써야 해.

나 과학 실험을 하기 전과 후 모두 기획문을 써야 해.

다 과학 실험을 하기 전과 후 모두 보고서를 써야 해.

라 과학 실험을 하기 전에는 기획문을, 마친 뒤에는 보고서를 써야 해.

2. 기획문과 보고서에는 어떤 형식이 있을까요?

기획문은 무엇을 어떻게 할지 계획을 세우는 글이에요. 기획문에는 <u>제목</u>, <u>목표</u>, <u>날짜와 장소</u>, <u>준비물</u>, <u>활동 순서</u>, <u>예상 결과</u>, <u>주의할 점</u> 등이 들어가요. 제목에는 활동 이름을, 목표에는 활동 이유를 써요. 날짜와 장소에는 언제 어디서 할지를 쓰고, 준비물과 차례에 따라 순서대로 활동 순서를 써요. **예상** 결과로는 활동 후 생길 일을, 주의할 점은 조심해야 할 점을 쓰면 돼요.

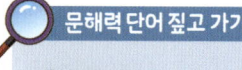

문해력 단어 짚고 가기

예상(豫想)
어떤 일이 벌어지기 이전에 미리 생각한 것을 말해요.

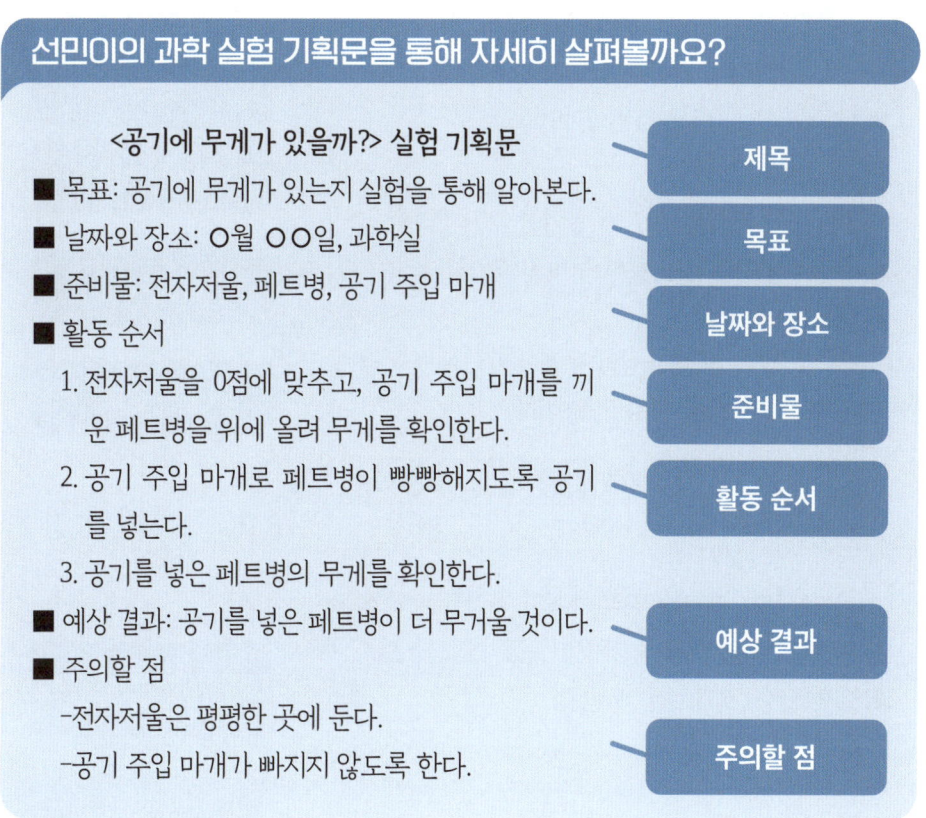

확인하기 2

다음 중 기획문의 내용이 어느 부분에 해당하는지 알맞게 연결해 보세요.

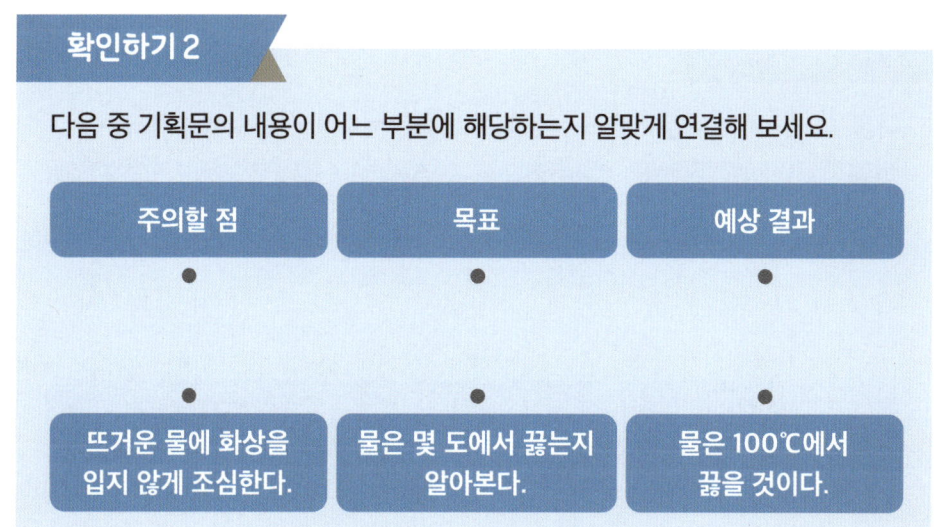

보고서는 실험이나 행사를 진행한 뒤의 결과를 다른 사람이 확인할 수 있도록 정리한 글이에요. 제목, 날짜와 장소, 활동 내용, 활동 결과, 활동 결과로 알게 된 점 또는 느낀 점을 쓰죠. 제목에는 활동의 이름을 써요. 날짜와 장소도 쓰고요. 활동 내용에는 내가 한 일을, 결과에는 활동 결과를 글이나 그림, 표, 도표 등으로 정리해요. 마지막으로 알게 된 점을 쓰면 돼요.

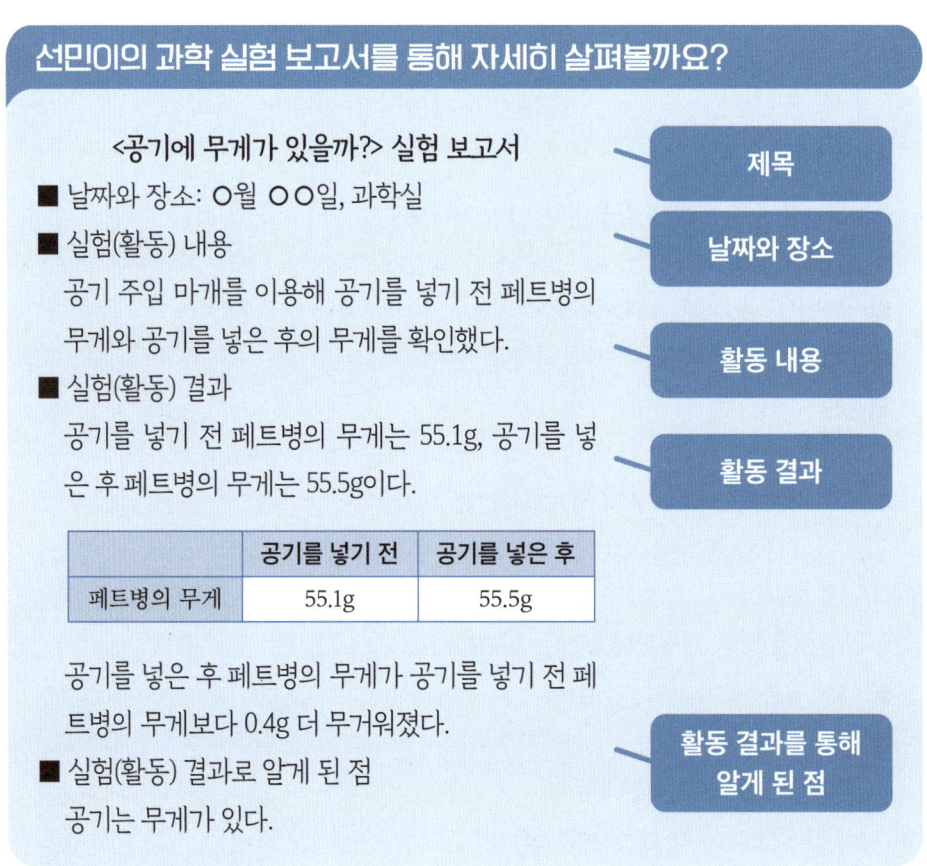

확인하기 2

다음 중 보고서의 내용이 어느 부분에 해당하는지 알맞게 연결해 보세요.

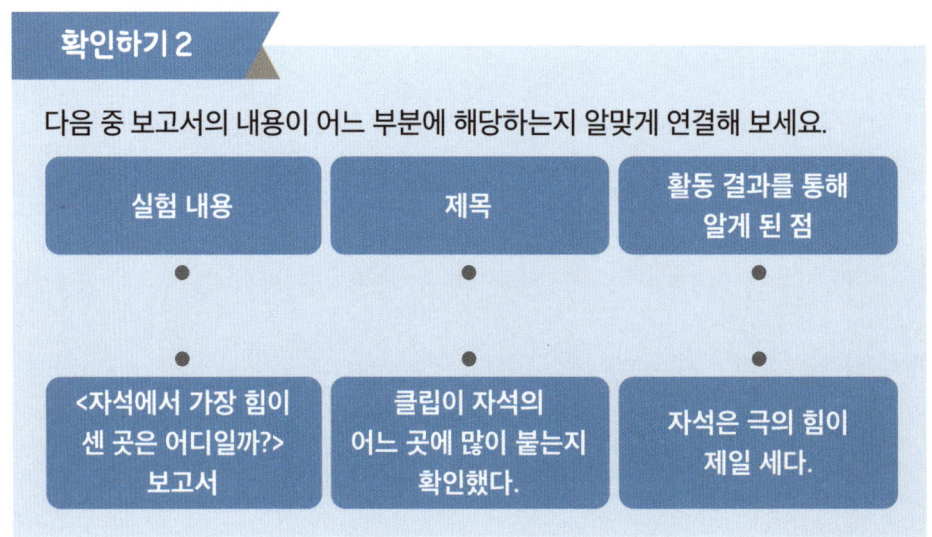

3. 기획문과 보고서는 어떻게 써야 하나요?

기획문은 머릿속에 있는 내용을 글로 정리한 글이에요. 그렇기 때문에 내가 하려고 하는 일이나 하고 싶은 활동에 대해 자세히 적어야 해요. 만약 혼자 하기 힘들다면 다른 사람의 도움을 받아도 좋아요. 이때 어떤 도움을, 누구에게 받을 것인지도 기획문에 써 보세요.

다음 예시를 참고하여 어떤 내용을 기획문으로 쓸지 생각해 보세요.

예 여성 독립운동가에 대해 조사하기	기획하고 싶은 조사 주제
예 엄마의 깜짝 생일파티 기획하기	기획하고 싶은 행사
예 얼음을 빨리 녹일 수 있는 방법은 뭘까?	기획하고 싶은 과학 실험 주제

옥 선생님의 한 줄 더!

기획문을 쓸 때는 실제로 할 수 있는 가능성이 있는 주제를 정해야 해요. 기획문을 쓰기 전 실제로 기획한 대로 할 수 있을지 잘 생각해 보세요.

보고서는 내가 활동한 내용의 결과를 다른 사람에게 알리기 위해 쓰는 글이에요. 나만 알아볼 수 있는 글이 아니라 다른 사람이 보고 이해해야 하는 글이기 때문에 활동의 결과, 즉 확인한 내용을 알아보기 쉽게 정리해야 해요. 글로 적은 내용을 표나 도표, 사진, 그림 등과 함께 정리하는 것도 좋은 방법이에요.

옥 선생님의 한 줄 더!
보고서의 내용을 거짓으로 쓰면 안 돼요. 내가 예상한 결과와 다르더라도 결과 그대로를 써야 해요.

다음 예시를 참고하여 어떤 내용을 보고서로 쓸지 생각해 보세요.

예) 20○○년 4월 ○일, 오전 10시~오후 3시, ○○아쿠아리움에 다녀왔다.

체험 활동의 다녀온 날짜와 시간, 장소는 어디인가요?

예) 앞으로 바다를 더 깨끗하게 지켜야겠다는 생각이 들었다.

체험 활동을 다녀온 소감은 어떤가요?

예) 개나리의 꽃말은 희망이다. 이는 농촌진흥청에서 운영하는 국립원예특작과학원 홈페이지에서 찾은 자료이다.

(   )에 대해 조사하고, 자료를 어디에서 찾았는지 자세히 적어 보세요.

4. 기획문과 보고서에는 어떤 종류가 있나요?

기획문과 보고서는 어떤 내용과 주제를 쓰는지에 따라 여러 종류가 있답니다. 과학 실험, 행사, 조사 활동, 체험 학습 등의 기획문과 보고서가 있죠.

확인하기 3

기획문과 보고서의 종류로 알맞은 것을 <보기>에서 찾아 써 보세요.

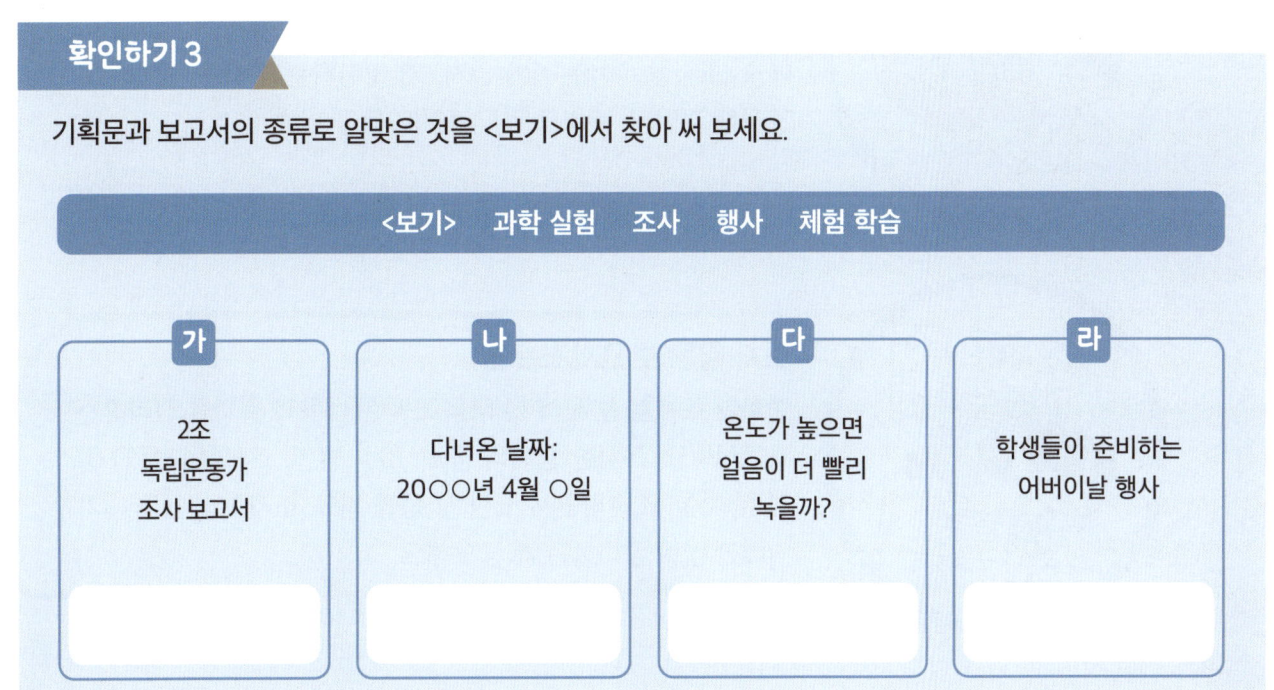

기획문과 보고서의 종류에 대해 더 자세히 알아봐요.

과학 실험 기획문 쓰는 법
과학 실험을 정확하고 안전하게 하기 위해 실험 전에 쓰는 기획문이에요. 실험 주제와 목적이 무엇인지, 필요한 준비물은 어떤 것인지, 실험은 어떤 순서로 진행되는지, 예상되는 결과는 무엇인지 등을 써요.

과학 실험 보고서 쓰는 법
계획한 과학 실험을 직접 해 본 다음 실험 방법과 결과를 정리하는 보고서예요. 언제, 어디서, 어떤 준비물을 가지고 실험했는지, 실험 중에 어떤 일이 있었는지, 결과는 어떤지 등을 써요.

조사 활동 기획문 쓰는 법
어떤 주제에 대해 더 잘 알고자 조사하기 전에 쓰는 기획문이에요. 조사할 주제는 무엇인지, 왜 조사하는지, 어떤 방법으로 조사할 것인지, 준비물은 무엇인지 등을 써요.

조사 활동 보고서 쓰는 법
계획한 조사를 실제 해 본 다음 조사한 내용과 결과를 정리하는 보고서예요. 조사한 날짜와 장소, 조사 방법, 조사한 내용과 알게 된 사실, 조사하면서 느낀 점 등을 써요. 조사한 내용을 내가 이해한 말로 정리하는 게 중요해요.

행사 기획문 쓰는 법
즐겁고 질서 있는 행사를 만들기 위해 행사 전에 미리 계획하여 쓰는 기획문이에요. 행사를 언제, 어디서, 어떤 순서로 할지, 필요한 것과 미리 준비할 것은 무엇인지, 역할은 어떻게 나눌지 등을 써요.

행사 보고서 쓰는 법
계획한 행사를 실제로 해 본 다음 어떻게 진행되었고, 어떤 결과가 있었는지 정리하는 보고서예요. 참여 인원, 진행한 순서, 잘된 점과 아쉬운 점, 행사 후 느낌 등을 써요. 느낀 점과 배운 점도 함께 쓰면 좋아요.

체험 학습 기획문 쓰는 법
체험 활동을 더 알차고 재미있게 하기 위해 미리 계획하여 쓰는 기획문이에요. 체험을 어디로 가는지, 왜 가는지, 어떤 것을 보고 체험할 것인지, 필요한 준비물은 무엇인지, 체험 순서와 활동 시간은 어떻게 되는지 등을 써요.

체험 학습 보고서 쓰는 법
체험 활동이 끝난 뒤 어떤 경험을 했고, 무엇을 느꼈는지 정리하는 보고서예요. 언제, 어디서, 누구와 함께 체험했는지, 어떤 활동을 했는지, 새롭게 알게 된 점은 무엇인지 등을 써요.

5. 다양한 기획문과 보고서

　나라나 회사에서 중요한 일을 하려고 할 때는 무엇을 어떻게 하려는지 확인할 수 있도록 기획문을 써야 해요. 혼자서 하는 일이 아니기 때문에 일이 어떻게 진행되는지 다른 사람도 알 수 있어야 하거든요. 나라나 회사에서 쓰는 기획문에는 어떤 것이 있을까요?

대한민국 예산안

대한민국 예산안은 우리나라 1년 살림을 위한 돈을 어디에 얼마나 쓸지 정리한 기획문이에요. 매년 정부가 만들고 국회에서 확인하고 있어요.

애플의 아이폰 기획문

애플이 아이폰을 만들기 위해 작성한 초기 기획서예요. 2004년 전화, 아이팟, 인터넷을 하나로 합친 기기를 구상했어요. 이렇게 등장한 아이폰은 휴대전화 시장을 완전히 바꾸었고, 디지털 기기의 기준이 되었어요.

다양한 기획문

학교 교육 과정

여러분이 다니고 있는 학교의 1년을 어떻게 꾸려갈지 기획하는 글이에요. 수업을 몇 시간 할지, 방학은 언제부터인지, 어떤 행사를 언제할지 등 학생들의 1년 학교 생활이 담겨 있어요.

올림픽을 위한 기획문

세계의 축제라고도 불리는 올림픽 등을 개최하기 위해서는 IOC라는 단체에 유치 계획서(기획문)를 제출해야 해요. 우리나라에서 개최해야 하는 이유를 설득력 있게 써야 하죠.

여러 나라가 함께 활동하기 위해 구성된 단체를 국제기구라고 해요. 국제기구에서는 다양한 주제로 보고서를 작성해요. 이 보고서들을 통해 여러 나라들이 서로를 비교해 볼 수 있죠.

어느 나라 학생이 공부를 잘할까?

3년마다 OECD의 국제 학업성취도평가(PISA)에서는 여러 나라 15세 학생들의 읽기, 수학, 과학 능력을 평가하여 보고서를 만들고 있어요. 우리나라도 꾸준히 참가해 우수한 성적을 내고 있다고 해요.

UN IPCC (기후 변화 보고서)

세계기상기구의 과학자들이 기후 변화를 분석한 보고서예요. 지구 온난화의 원인과 대책을 자세히 설명하고, 지속 가능한 미래를 위한 방법을 설명하고 있어요.

다양한 보고서

WHO의 세계보건통계 보고서

세계보건기구 WHO에서는 사람들의 건강과 관련하여 전염병은 얼마나 생기고 있는지, 사람들의 기대 수명은 얼마인지 등 다양한 정보를 담고 있어요.

어느 나라가 행복할까?

UN 지속 가능 발전 해법 네트워크에서는 매년 전 세계 나라의 행복 점수를 계산해 순위를 나타내는 <세계 행복 보고서>를 발표해요. 2024년 우리나라의 행복도 점수는 6.05점으로 세계 52위였어요.

연습 글쓰기 1

기획문과 보고서의 구조를 마인드맵으로 만들어 봐요.

글을 쓰기 전에 단어를 중심으로 '생각의 지도'인 마인드맵(Mind Map)을 만들어 봐요. 이렇게 지도를 그리듯이 정리하면 글을 쓸 때 좀 더 편할 거예요.

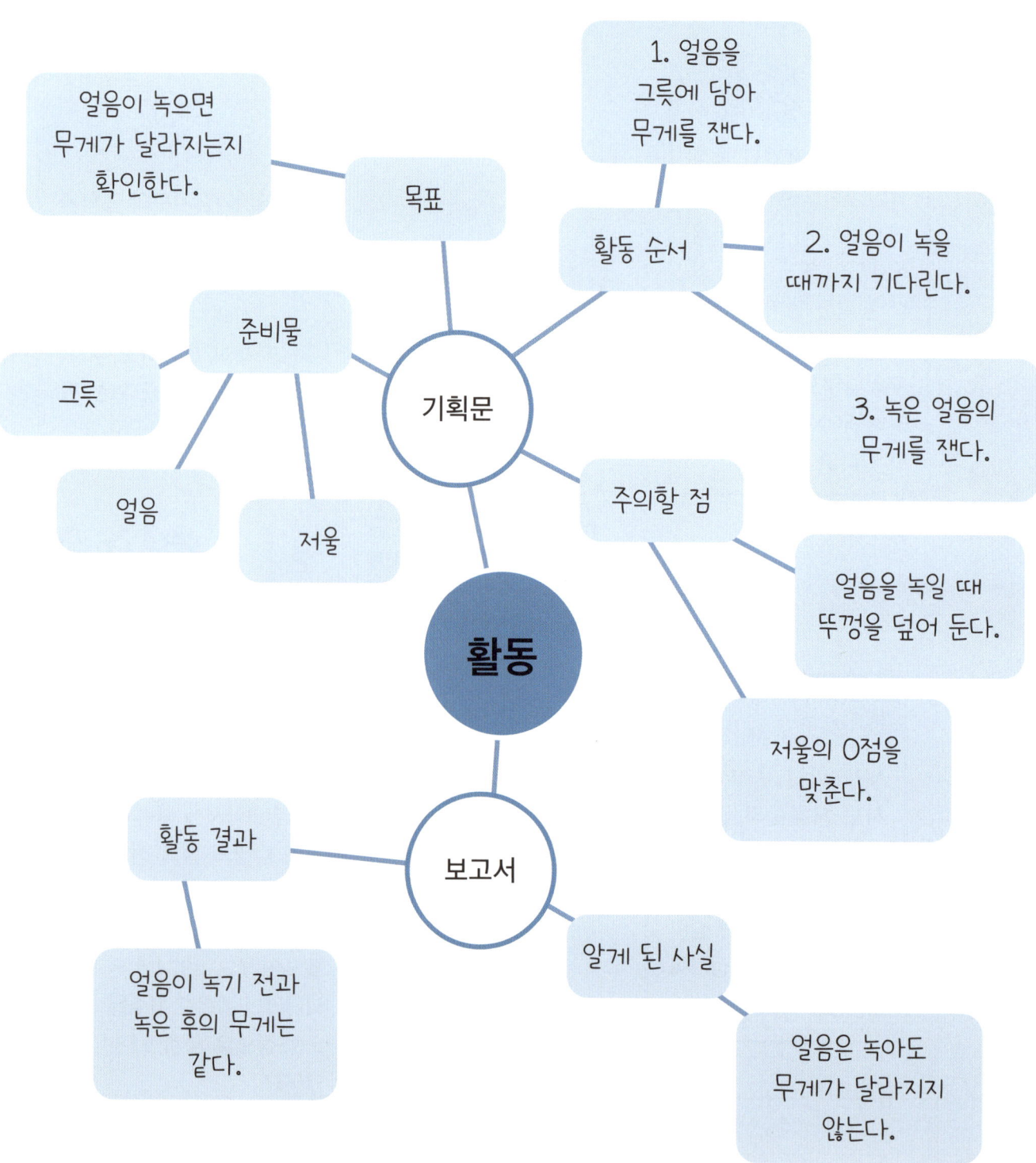

옆의 마인드맵을 참고해 자신의 마인드맵을 완성해 보세요.

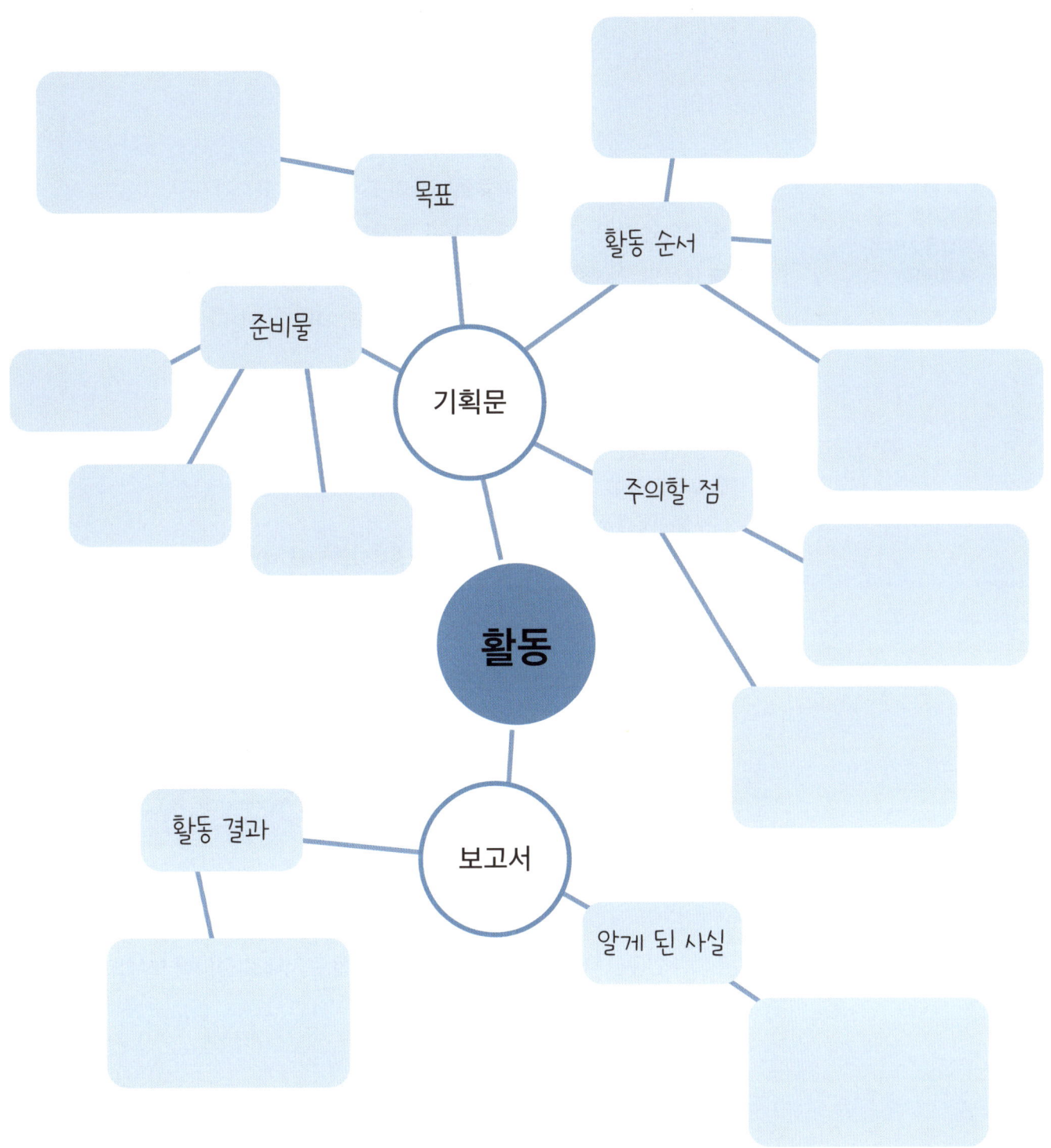

연습 글쓰기 2

조사 활동을 기획하는 기획문을 써 봐요.

다음 예준이와 친구들의 조사 활동 기획문을 보고 물음에 답해 보세요.

옥 선생님의 한 줄 더!
기획문을 쓸 때는 어떤 방식으로 조사할 것인지 활동 방법을 자세하게 쓰는 게 좋아요.

<동물의 종류 조사하기> 기획문

■ 목표: 다양한 동물의 종류를 나누어 조사하여 발표하기
■ 날짜와 장소: ○월 ○일, 도서관, 컴퓨터실
■ 모둠원: 최예준, ○○○, ○○○, ○○○
■ 준비물: 스마트 패드, 책, 필기구, 색연필, 사인펜, 4절지

■ 활동 방법
㉠ 조사한 내용 친구들 앞에서 발표하기
㉡ 포유류, 조류, 파충류, 어류를 조사할 사람 각각 정하기
㉢ 4절지에 발표 자료 만들기
㉣ 도서관과 인터넷에서 동물 조사하기(종류별로 5가지씩)
㉤ 조사한 내용 표로 정리하기

■ 주의할 점
-정보의 출처를 적는다.
-먼저 찾으면 다른 친구들을 도와준다.
-이해할 수 있는 말로 바꾸어 적는다.

---

1 예준이와 친구들의 기획문을 보고 활동 방법을 순서대로 정리해 보세요.

( ) → ( ) → ( ) → ( ) → ( )

다음 예준이와 친구들의 조사 활동 보고서를 보고 물음에 답해 보세요.

> **<동물 종류 조사하기> 보고서**
>
> ■ 조사한 사람: 최예준, ○○○, ○○○, ○○○
> ■ 조사한 날짜: ○월 ○일
> ■ 조사 방법: 인터넷, 책에서 종류별 동물 5가지씩 찾기
> ■ 조사 결과
>   포유류는 어미의 젖을 먹고 자라며, 몸에 털이 있다. 호랑이, 고양이, 코끼리, 곰, 토끼 등이 있다. 조류는 날개와 깃털이 있고 알을 낳는다. 참새, 독수리, 펭귄, 타조, 비둘기 등이 있다. 파충류는 비늘이 있고, 땅 위를 기어 다닌다. 뱀, 도마뱀, 이구아나, 악어, 카멜레온 등이 있다. 어류는 아가미로 숨을 쉬며, 지느러미가 있다. 금붕어, 연어, 참치, 고등어, 갈치 등이 있다.
>
> ■ 알게 된 점
>   동물의 종류는 다양하고, 종류마다 특징이 있다는 것을 알게 되었다. 다른 식물이나 곤충들은 어떤 식으로 분류되어 있는지 궁금하다.

2 예준이와 친구들의 보고서를 표로 만들었습니다. 빈칸을 채워 표를 완성해 보세요.

동물의 종류	특징	해당하는 동물(5가지)
포유류	어미의 젖을 먹고 자라며, 몸에 털이 있다.	
		참새, 독수리, 펭귄, 타조, 비둘기
	비늘이 있고, 땅 위를 기어다닌다.	
어류		금붕어, 연어, 참치, 고등어, 갈치

실전 글쓰기 1

체험 학습 보고서를 써 봐요.

다음 혜선이의 체험 학습 보고서를 보고 물음에 답해 보세요.

 **옥 선생님의 한 줄 더!**

내가 쓴 보고서를 다른 사람에게 보여 주고 잘 이해되지 않는 부분이 있는지 물어보세요. 그리고 보고서를 고쳐 써 보세요.

<아쿠아리움> 체험 보고서

■ 체험 학습 장소: ○○아쿠아리움

■ 다녀온 날짜: 20○○년 4월 ○일

■ 체험 학습 활동 순서

아쿠아리움 입장하기→큰 수조에서 바다 생물 관찰하기→해저 터널 걷기→펭귄 관찰하기→불가사리와 소라게 만져 보기→기념사진 촬영

■ 체험 활동에서 본 것

상어, 가오리, 해파리, 거북이, 펭귄, 불가사리, 소라게, 해저 터널

■ 체험 활동에서 새롭게 알게 된 것

1. 가오리는 배 쪽이 웃는 얼굴처럼 생겼다.
2. 해파리는 몸이 투명해서 조명이 비치면 색이 바뀌는 것처럼 보인다.
3. 불가사리는 생각보다 단단했고, 소라게는 다리가 빨랐다.
4. 바닷속 생물도 우리가 보호해야 할 소중한 생명이라는 걸 알게 되었다.

■ 체험 활동에서 느낀 점

책에서만 보던 생물을 진짜로 보니 정말 신기하고 재미있었다. 바닷속으로 들어간 것 같은 해저 터널이 가장 기억에 남는다. 친구들과 함께여서 더 즐거웠다. 앞으로 바다를 더 깨끗하게 지켜야겠다는 생각이 들었다.

---

1 혜선이의 보고서에서 알 수 있는 사실과 다른 것을 골라 보세요.

① 혜선이는 아쿠아리움에서 가오리를 보았다.

② 혜선이는 펭귄을 만져 보았다.

③ 혜선이는 바다를 더 깨끗하게 지켜야겠다고 생각했다.

학교에서 다녀 온 체험 학습을 떠올려 보고, 보고서를 써 보세요.

(   ) 체험 보고서

■ 체험 학습 장소:

■ 다녀온 날짜:

■ 체험 학습 활동 순서

(   ) → (   ) → (   )
→ (   ) → (   ) → (   )

■ 체험 활동에서 본 것

■ 체험 활동에서 새롭게 알게 된 것

1.
2.
3.
4.

■ 체험 활동에서 느낀 점

 옥 선생님의 한 줄 더!

보고서를 쓰기 위해 메모를 하거나 사진, 동영상을 찍어 두면 더 생생한 보고서를 쓸 수 있어요.

실전 글쓰기 2

과학 실험 기획문과 보고서를 써 봐요.

다음 주연이의 과학 실험 기획문을 보고 물음에 답해 보세요.

옥 선생님의 한 줄 더!

기획문에는 주의할 점도 꼭 써 주세요. 특히 안전과 관련하여 지켜야 할 내용을 자세히 써야 해요.

<얼음이 녹으면 부피가 변할까?> 실험 기획문

■ 목표: 얼음이 녹으면 부피가 늘어나는지 실험을 통해 알아본다.

■ 실험을 하게 된 이유
여름이면 얼음물의 얼음이 빨리 녹는데 그러면 물을 더 많이 먹을 수 있는지 궁금해서 실험을 하게 되었다.

■ 날짜와 장소: ○월 ○○일, 집

■ 준비물: 투명 플라스틱 컵, 물 200mL, 얼음 4조각, 유성 펜, 자, 수건

■ 활동 순서
  ㉠ 얼음이 다 녹을 때까지 기다린다.
  ㉡ 투명 플라스틱 컵에 얼음을 넣고 물을 붓는다.(넘치지 않게 주의)
  ㉢ 얼음이 완전히 다 녹으면 처음 물의 높이를 표시한 선과 비교한다.
  ㉣ 플라스틱 컵에 유성 펜으로 선을 그어 물의 높이를 표시한다.

■ 예상 결과: 얼음이 다 녹으면 물의 높이가 (   ) 것 같다.

■ 주의할 점: 물이 넘치지 않도록 한다.

1 주연이의 과학 실험 기획문을 보고 활동 순서를 순서대로 정리해 보세요.

(   ) → (   ) → (   ) → (   )

2 주연이의 과학 실험 기획문을 보고 '예상 결과'에 나의 예상을 써 보세요.

얼음이 다 녹으면 물의 높이가 (   ) 것 같다.

146

주연이의 과학 실험 기획문을 보고 직접 실험해 본 뒤 보고서를 써 보세요.

<얼음이 녹으면 부피가 변할까?> 실험 보고서

■ 날짜와 장소:

■ 실험(활동) 내용:

■ 실험(활동) 결과

얼음이 녹기 전	얼음이 녹은 후

■ 실험 활동 결과로 알게 된 점

옥 선생님의 한 줄 더!
그림을 그리기 어렵다면 사진을 찍어 보고서에 넣어도 좋아요.

정답

1장

10쪽 가

11쪽

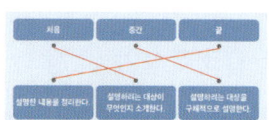

13쪽 가-생활 기사문, 나-경제 기사문,
다-환경 기사문, 라-세계 기사문

21쪽 1. 1) ○○초등학교 학생들 2) 지난 금요일 등교 시간 3) ○○초등학교 교문 앞 4) 오케스트라 공연이 열렸다. 5) 교문 앞에 특별한 무대가 설치되었고, 오케스트라 단원들이 바이올린, 첼로, 플루트 등 다양한 악기를 연주했다. 6) ○○초등학교 학생들에게 오케스트라 공연을 경험할 수 있는 기회를 주기 위해

2. 1) ○ 2) × 3) ×

22쪽 1. ①

24쪽 1. 학생들은 박물관에서 다양한 전시물을 보았다. 그중 특히 공룡 화석을 보고 감탄했다. 선생님들은 학생들에게 각 전시물에 대해 자세히 설명해 주었다. 학생들은 질문을 통해 많은 것을 배웠다.

26쪽 1. 1, 3, 12, 4, 20
2. 3학년 3반 학생들

2장

30쪽 나

31쪽

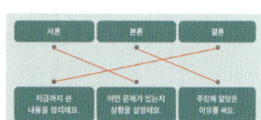

33쪽 가-안전 주장문, 나-학습 주장문,
다-규칙 주장문, 라-도덕 주장문

40쪽 1. 서론: 초등학생도 용돈을 받아 생활해야 한다.
근거 1: 스스로 돈을 관리하는 법을 배울 수 있다.
근거 2: 용돈을 통해 책임감을 기를 수 있다.
결론: 초등학생에게 용돈이 필요하다.

41쪽 2. 초등학생에게도 용돈이 필요하다.

3. 1) ○ 2) ○ 3) ×

4. 근거 1: 예) 부모님께서 필요한 물품 등을 사 주시기 때문에 스스로 돈을 써야 할 일이 많지 않다. 근거 2: 예) 용돈을 받더라도 계획적으로 쓰기보다는 충동적으로 불필요한 물건을 사는 일이 많을 수 있다.

42쪽 1. 1) 학교에서 쉬는 시간에 운동장에 나가서는 안 됩니다. 2) 운동장에서 사고가 일어납니다.

44쪽 1. 1) 책, 설문조사 결과 2) 《인스타 브레인》, <한국언론진흥재단>의 조사

46쪽 1. 1) 독서 습관을 기를 수 있기 때문이다. / 어울린다 2) 학교 도서관에서 책을 빌릴 수 있기 때문이다. / 어울리지 않는다

3장

50쪽 나

51쪽

53쪽 가-행사 설명문, 나-사용 방법 설명문,
다-주의 사항 설명문, 라-작품 설명문

61쪽 1. ○○초등학교 운동회

2. ③

3. ①

4. 예) 비가 올 경우를 대비한 다른 계획

62쪽 1. ②

2. 내 동생은 시금치를 싫어해서 비빔밥을 시키면 시금치만 골라내고 먹어요.

64쪽 1. 1) 소화기의 위치를 확인하고 불이 난 곳으로 가져간다. 2) 소화기의 안전핀을 뽑는다. 3) 노즐을 붙어 불이 난 곳을 향해 조준한다. 4) 손잡이를 힘껏 눌러 불을 향해 분사한다. 5) 불이 완전히 꺼졌는지 확인한다.

66쪽

차이점	공통점	차이점
1) 산책을 좋아한다. 2) 스스로 털 관리를 하지 않는다. 3) 정해진 곳에 배변을 하도록 훈련해야 한다.	1) 새끼를 낳아 젖을 먹이는 포유류이다. 2) 네 개의 다리와 하나의 꼬리를 갖고 있다. 3) 다양한 품종이 있다.	1) 집 밖으로 나가는 걸 싫어한다. 2) 스스로 털을 다듬는 그루밍을 한다. 3) 모래 위에 배변을 한다.

4장

70쪽 가

71쪽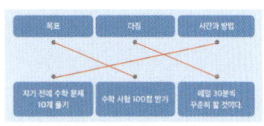

73쪽 가-제품 광고문, 나-행사 광고문, 다-선거 광고문, 라-공익 광고문

80쪽 1. 필통

81쪽 2. 1) 무지개 필통: 9,900원, 100점 필통: 9,900원 2) 무지개 필통: 넉넉하다, 튼튼하다, 조용하다, 부드럽다. 100점 필통: 공부한 내용을 까먹지 않는다, 필기구를 절대 잃어버리지 않는다, 부자가 될 수 있다. 3) 무지개 필통: 무지개 문구점, 100점 필통: 문구점과 온라인 스토어

3. 예) 내가 나언이라면 무지개 필통을 살 것 같다. 100점 필통의 광고 내용을 믿을 수 없기 때문이다.

82쪽 1. 바뀌면 다릅니다!

2. ②

84쪽 1. 예) 바른 말로 채팅해요.

5장

90쪽 라

91쪽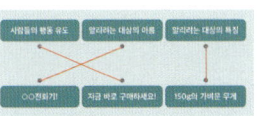

93쪽 가-학습 계획문, 나-용돈 계획문, 다-여행 계획문, 라-식사 계획문

100쪽 1. 가족들과 좋은 추억을 많이 만들고 맛있는 것도 많이 먹고 돌아올 것이다.

101쪽 2. ①

3.

시간	장소	할 것
오전 (10)시~오후 (12)시	집	집에서 해운대로 이동
오후 12시~1시	○○밀면	점심 식사
오후 1시~2시	LCT 전망대	풍경 감상
오후 2시~(4)시	동백섬	산책하기
오후 4시~6시	해운대 미포	해변 열차 탑승
오후 6시~6시 30분	해운대~광안리	광안리 해수욕장으로 이동
오후 7시~7시 10분	광안리 해수욕장	드론 쇼 관람
오후 7시 10분~	집	집으로 돌아오기

102쪽 1. 예) 부모님 2번 도와드리기

104쪽 1. 1) 예) 매일 아침 체조하기
2) 예) 팀 이름과 구호 정하기

106쪽 1. 예) 롤러코스터 타기, 고양이, 해외여행

정답

6장

110쪽 라

111쪽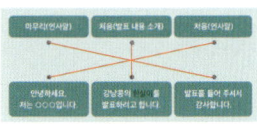

113쪽 가-조사 발표문, 나-소개 발표문,
다-감상 발표문, 라-주장 발표문

121쪽 1. 우리나라에서 가장 많이 키우는 반려동물

2. ④

3. ㉰

4.
> 우리나라에서 가장 많이 (키우는 반려동물)
> 1위: (강아지)
> 특징: 다양한 (종류와 크기가 있다.)
> 2위: (고양이)
> 특징: 강아지보다 (독립적인 성격을 가진 동물)이다.

122쪽 1. 좋아하는 음식, 취미, 좋아하는 과목

124쪽 1. 1) 지구 온난화가 계속되면 바닷물이 높아질 수 있어요. 2) 갑자기 날씨가 변하는 일이 많아지고, 동물이나 식물이 사는 환경이 망가질 수도 있습니다.

126쪽 1. 설렘, 긴장됨, 즐거움, 고마움

7장

130쪽 라

131쪽

131쪽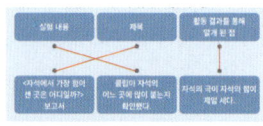

135쪽 가-조사, 나-체험 학습,
다-과학 실험, 라-행사

142쪽 1. ㉡, ㉣, ㉤, ㉢, ㉠

143쪽 2.

동물의 종류	특징	해당하는 동물(5가지)
포유류	어미의 젖을 먹고 자라며, 몸에 털이 있다.	호랑이, 고양이, 코끼리, 곰, 토끼
조류	날개와 깃털이 있고 알을 낳는다.	참새, 독수리, 펭귄, 타조, 비둘기
파충류	비늘이 있고, 땅 위를 기어다닌다.	뱀, 도마뱀, 이구아나, 악어, 카멜레온
어류	아가미로 숨을 쉬며, 지느러미가 있다.	금붕어, 연어, 참치, 고등어, 갈치

144쪽 1. ②

146쪽 1. ㉡, ㉣, ㉠, ㉢

2. 높아질

찾아보기

(ㄱ)
개조식 글쓰기 ·················· 60
객관(客觀) ························ 10
계획(計劃) ························ 90
공익(公益) ························ 73
관람(觀覽) ························ 93
근거(根據) ························ 30
근거의 타당성 ·················· 45
기록(紀錄) ························ 10

(ㄴ)
논설(論說) ························ 31
눈길을 모으다 ·················· 68

(ㄷ)
단도직입(單刀直入) ·········· 108
동가홍상(同價紅裳) ············ 68

(ㅁ)
말미(末尾) ························ 11
목소리를 높이다 ············· 108
목표(目標) ························ 90

(ㅂ)
발행(發行) ························ 13
버킷 리스트 ···················· 106
분명(分明) ························ 50

(ㅅ)
삼인성호(三人成虎) ············ 8
소개(紹介) ······················ 113
습관(習慣) ························ 93
시시비비(是是非非) ············ 28

시행(施行) ························ 73
실험(實驗) ······················ 130

(ㅇ)
예상(豫想) ······················ 131
옥신각신하다 ···················· 28
요약(要約) ························ 51
우물 안 개구리 ·················· 8
유도(誘導) ························ 71
유비무환(有備無患) ············ 88
유의(留意) ························ 51
이중(二重) ························ 91
인상(印象) ························ 70
일목요연(一目瞭然) ············ 48

(ㅈ)
잠결에 남의 다리 긁는다 ·············· 128
장님 코끼리 만지는 격 ·············· 48
장비(葬備) ························ 33
전시(展示) ························ 53
제도(制度) ························ 73
제안(提案) ······················ 113
주도면밀(周到綿密) ·········· 128
진행(進行) ······················ 130

(ㅊ)
천 리 길도 한 걸음부터 ·············· 88
청중(聽衆) ······················ 110

(ㅎ)
한살이 ···························· 111
홍보(弘報) ························ 71

KC마크는 이 제품이 공통안전기준에 적합하였음을 의미합니다.
제조자명 ㈜이퍼블릭
제조국 대한민국
사용 연령 7세 이상
주의 사항
• 책장에 손이 베일 수 있으니 주의하세요.
• 던지거나 떨어트려서 다치지 않게 주의하세요.

**옥효진 선생님과
글쓰는 아이들_이성편**

초판 1쇄 발행일 2025년 7월 15일

지은이 옥효진
그린이 플러스툰 장선영
펴낸이 유성권

편집장 윤경선
기획·편집 북케어   **편집** 김효선 조아윤   **홍보** 윤소담 박채원   **디자인** 정유정
마케팅 김선우 강성 최성환 박혜민 김현지
제작 장재균   **물류** 김성훈 강동훈

펴낸곳 ㈜이퍼블릭
출판등록 1970년 7월 28일, 제1-170호
주소 서울시 양천구 목동서로 211 범문빌딩 (07995)
대표전화 02-2653-5131   **팩스** 02-2653-2455
메일 loginbook@epublic.co.kr
블로그 blog.naver.com/epubliclogin
홈페이지 www.loginbook.com
인스타그램 @book_login

• 이 책은 저작권법으로 보호받는 저작물이므로 무단 전재와 복제를 금지하며, 이 책 내용의 전부 또는 일부를 이용하려면 반드시 저작권자와 ㈜이퍼블릭의 서면 동의를 받아야 합니다.
• 잘못된 책은 구입처에서 교환해 드립니다.
• 책값과 ISBN은 뒤표지에 있습니다.

로그인은 ㈜이퍼블릭의 어학·자녀교육·실용 브랜드입니다.